城市停车许可理论与政策

王鹏飞　刘　鹏　著

人民交通出版社股份有限公司
北　京

内 容 提 要

本书共分7章:第1章在对国内外研究现状进行深入分析的基础上提出了研究的背景、意义和目的,同时介绍了研究方法并梳理了研究思路。第2章构建了三类停车许可证的最优分配、定价模型。第3章针对上述三类模型分别设计了基于拍卖理论的新交易机制,并对机制的计算效率进行了定量分析。第4章设计了停车许可证收益自融资与再分配机制,并对新机制的计算效率进行了定量评价。第5章考虑了持有和未持有停车许可证用户的随机行为,据此构建了天内停车许可证的动态最优供给策略。第6章分析了停车许可证交易市场的特征并构建了逐日演化模型,而后定量分析了停车许可证的供需特性对网络交通流及温室气体排放的影响。第7章对当前研究成果进行了总结,并对理论的未来应用前景进行了展望。

本书有详细的公式推导,可供交通运输领域相关科研人员参考;又有诸多生动案例和理论与应用的结合分析,可供政府和相关企业一线管理人员参考。

图书在版编目(CIP)数据

城市停车许可理论与政策/王鹏飞,刘鹏著.—北京:人民交通出版社股份有限公司,2023.1

ISBN 978-7-114-18260-0

Ⅰ.①城… Ⅱ.①王… ②刘… Ⅲ.①停车场—管理—研究 Ⅳ.①U491.8

中国版本图书馆CIP数据核字(2022)第188821号

Chengshi Tingche Xuke Lilun yu Zhengce

书　　名: 城市停车许可理论与政策
著 作 者: 王鹏飞　刘　鹏
责任编辑: 周　凯　郭红蕊
责任校对: 席少楠　卢　弦
责任印制: 刘高彤
出版发行: 人民交通出版社股份有限公司
地　　址: (100011)北京市朝阳区安定门外外馆斜街3号
网　　址: http://www.ccpcl.com.cn
销售电话: (010)59757973
总 经 销: 人民交通出版社股份有限公司发行部
经　　销: 各地新华书店
印　　刷: 北京虎彩文化传播有限公司
开　　本: 787×1092　1/16
印　　张: 7.5
字　　数: 165千
版　　次: 2023年1月　第1版
印　　次: 2023年7月　第2次印刷
书　　号: ISBN 978-7-114-18260-0
定　　价: 50.00元

前　言

随着城市机动车保有量的迅猛增长，交通供需矛盾日益突出，交通供需矛盾已经成为我国城市运行与社会经济发展过程中亟待解决的问题。同时，交通运输行业也是目前我国碳达峰、碳中和关注的重点领域，其中城市交通碳排放呈现“增速最快”和“持续增加”两个特点，这对我国实现碳达峰、碳中和目标形成挑战。当前，我国城市交通管理措施还不完善，特别是停车管理制度还处于重构时期，除了有效停车泊位不足外，停车需求与供给的不均衡、停车管理手段缺乏弹性与公平性、停车巡航量过大也均是城市交通拥堵及其过量碳排放产生的重要原因之一。

理论上，停车设施作为小汽车用户的(间接)目的地，其空间布局、管理模式等直接影响着用户的出行路径、时间及方式的选择。传统停车管理政策存在较多缺陷，主要表现在以下几个方面：简单的“先到先得”资源分配原则缺少对用户异质性和社会福利的考虑，收费定价过度依赖用户交通需求函数的预测且缺乏弹性，未对政策的实施效率、公平性和可持续性等进行定量分析。在智能网联汽车技术日新月异的同时，优化、补充和完善传统的停车管理政策，使其在交通需求管理，进而在缓解城市交通拥堵中发挥作用，是势在必行的。

鉴于此，近年的理论研究提出了停车许可证(Parking Permit)的概念。既有成果集中研究了停车许可证的静态最优供给，但未定量地探讨停车许可证政策在实施过程中可能面临的分配、定价、动态最优供给策略、收益自融资和再分配、交易市场供需两侧的动态演化特性，及其对网络交通流和温室气体排放的影响等实际问题，导致前沿概念很难得到实际应用。例如，停车许可证收益的再分配方式，会严重影响共享停车泊位政策的社会可接受性和可持续性。

为解决上述技术和政策瓶颈背后的核心科学问题，本书以停车许可证为手段，在明确考虑用户多种选择偏好和行为随机性的基础上，通过利用最优化、拍卖机制、沙普利值法、自融资分析、Benders 分解原理、算法时间复杂度、最优控制、分岔和混沌等一系列经典理论，对传统停车泊位预约管理机制进行深度优化，构建了实用性较强的停车许可证交易手法，对交通信息化环境下的区域停车资源(即停车许可证)的分配、定价、动态供给策略、收益自融资和再分配、交易市场动态演化特性，及其对网络交通流和温室气体排放的影响等问题进行了深入探索研究。

本书的主要内容及构成如下：第 1 章在对国内外研究现状进行深入分析的基础上提出了研究的背景、意义和目的，同时介绍了研究方法并梳理了研究思路。第 2 章构建了三类停车许可证的最优分配、定价模型，三类模型分别考虑了用户对区域内部停车设施、停车时间模式及停车许可证购买时间点的选择偏好。第 3 章针对上述三类模型分别设计了基于拍卖理论的新交易机制，并对新交易机制的计算效率进行了定量分析。第 4 章设计了停车许可证收益自融资与再分配机制，并对此机制的计算效率进行了定量评价。第 5 章考虑了持有和未持有停车许可证用户的停车和巡航行为的随机性，据此构建了天内停车许可证的动态最优供给策略。第 6 章分析了停车许可证交易市场的特征并构建了逐日演化模型，而后定量分析了停车许可证的供需特性对网络交通流及温室气体排放的影响。第 7 章对当前研究成果进行了总结，并对理论的应用前景和未来研究方向进行了展望。

全书由王鹏飞、刘鹏撰写，硕士研究生刘泽慧协助图表编辑和文本整理。北京工业大学关宏志教授，北京航空航天大学田琼、刘天亮教授对本书的编写提出了宝贵意见，在此表示诚挚的谢意。同时，感谢人民交通出版社股份有限公司各位编辑，河北科技师范学院城市建设学院、北京航空航天大学经济管理学院、北京工业大学城市建设学部、燕山大学建筑工程与力学学院各位领导同事的大力支持。此外，本书的出版参考了国内外诸多专家和学者的研究成果，在此对这些宝贵资料的编写者表示衷心的感谢。最后，向多年来给予我们无私关怀、照顾和支持的家人们致以深深的谢意。

本书的出版得到了国家自然科学基金青年科学基金项目“出行即服务下的动态活动出行建模与优化研究”(72101011)、国家自然科学基金重大项目“新型城镇化导向下的城市群综合交通系统管理理论与方法”(71890971/71890970)、国家重点研发计划“城市多模式交通供需平衡机理与仿真系统”(2018YFB1600900)、基础科学中心项目“未来城市交通管理”(72288101)、河北省自然科学基金面上项目“基于停车许可证拍卖的城市停车资源供需匹配调控机制研究”(E2021407007)、教育部人文社会科学研究青年基金项目“共享停车泊位交易市场中价格波动风险的形成机理及调控措施研究”(21YJCZH162)的支持，在此表示由衷感谢。

由于作者水平有限，纰漏和不足之处在所难免，敬请各位专家和读者批评指正，以便后期进一步修改和完善。

作　者

2022 年 12 月

目录

第1章 绪　论

1.1 研究背景

交通拥堵是我国城市运行与社会发展过程中亟待解决的问题。近年来,诸多权威机构都曾经对交通拥堵进行过相应的测算。例如:依据北京交通发展研究院公布的《2021 年北京交通发展年度报告》[1]显示,2020 年日平均拥堵时间为 4h40min,其中严重拥堵持续时间同比 2019 年增加 10min。据 2018 年高德地图联合未来交通与城市计算联合实验室、清华大学-戴姆勒可持续交通研究中心、阿里云等单位共同发布的《2018 年度中国主要城市交通分析报告》[2],在北京高峰时段每出行 1h 将有 29.7min 在堵车,按照北京市统计局发布 2017 年北京市职工月平均工资 8467 元计算,北京每月因拥堵造成的时间成本达 1049 元,同时平均每辆车每天因堵车造成的额外油耗为 0.8L,损失 4.89 元,经过计算可知,每年因堵车产生的经济成本为 13878 元。虽然各机构测算的口径与方法略有差别,但可以肯定的是交通拥堵给社会经济发展带来的损失无疑是巨大的。

众所周知,交通运输行业的能源消耗和碳排放同样也是巨大的,是我国应对气候变化的重点领域。在能源消耗方面,根据国家统计局数据显示,2020 年我国交通运输仓储和邮政业能源消费为 38033 万 t 标准煤[3]。与此同时,在我国所有碳排放行业中,交通运输领域约占 10%,而城市交通占交通领域(除航空、铁路、水运外)的 80% 以上,并且城市交通碳排放量呈现明显增速快的特点,这对我国实现碳中和、碳达峰形成巨大挑战[4]。据统计,从 2005—2019 年,中国交通运输系统的 CO_2 排放总量从 3.4 亿 t 增长到 11.5 亿 t。近 10 年来,我国交通运输领域碳排放年均增速保持在 5% 以上,已成为温室气体排放增长最快的领域[5]。通过陈莎等[6]的研究可知,$PM_{2.5}$ 对北京市、天津市和石家庄市造成的健康风险和经济损失分别高达 333.91 亿元人民币、221.09 亿元人民币和 169.34 亿元人民币。

产生城市交通拥堵的原因是复杂的。近年来,停车泊位不足、停车巡航量过大是导致交通拥堵问题愈发严峻的重要原因之一。Shoup[7-8]指出,世界上诸多大城市中心城区的高峰时段,有近 30% 的交通流量是在寻找停车泊位。2011 年,通过对全球 20 个主要城市的调查,IBM 公司发现,平均 30% 以上的车辆正在寻找停车泊位,而部分城市商业中心高峰时段的寻泊交通量竟超过 70%[9]。

2013 年底,北京市机动车保有量已达 540 万辆,而备案停车泊位数量却仅有 276 万个,仅占当年机动车保有量的 51.1%,而更加残酷的事实是超过 80% 的停车属于非正规停车[10]。同时,根据北京交通发展研究院公布的《2020 北京市交通发展年度报告》[11]和北京市交通委员会发布的《北京市停车资源普查报告》[12]中的统计数据显示,北京市停车泊位总量仅为报告统计当年机动车保有量的 64.6%。相较 2013 年,停车问题虽然有所缓解,但停车泊位的缺口依然很大。CBNData & ETCP 联合发布的《2017 中国智慧停车行业大数据报告》[13]显示:30%的交通拥堵问题是由停车难造成的,日常48%的车辆需在停车场排队,其中医院排队尤为严重。根据Yan等[14]的研究和《北京市停车资源普查报告》[12]可知,共享停车泊位在解决有效停车泊位不足和"停车难"的问题上潜力是巨大的,但目前尚未得到充分利用。

解决"停车难"的传统方法是增加停车泊位的供给,但实践证明,这种做法不仅会牺牲大量的城镇公共空间(例如:大量路内免费停车泊位挤占了非机动车的骑行空间),还会诱发更多的小汽车出行需求,导致更多交通事故,可持续性差[15-16]。同时,由于土地资源和城镇开发边界的限制,停车泊位总量也无法在短时间内大量增加。因此,制定新型停车管理政策,充分利用好现存有限停车资源,在缓解"停车难"问题的基础之上不断优化用户出行结构和提升城市综合品质是势在必行的[17]。另外,现行的部分交通需求管理措施由于缺少对停车问题的考虑而致使非正规停车增多,进而严重影响道路的通行能力,导致交通拥堵频发[18]。鉴于此,近年来诸多关于用户出行行为和路网交通流分配的理论研究[19-23]都将停车设施容量、停车巡航时间等作为重要的制约条件在模型中给予考虑。

1.2 研究意义与目的

1.2.1 现实意义

停车设施作为小汽车用户的(间接)目的地,除了其空间分布外,停车泊位的分配、定价、供给总量等也会直接影响小汽车用户的出行路径、时间及方式的选择[关宏志等[24]]。同时,停车收益的自融资和再分配机制也会严重影响停车管理政策的制定实施、社会可接受性、推广和延续。此外,对于新型停车管理政策,管理者也需要对其实施效果和影响进行科学评价。当前,我国城市停车管理制度还处于重构时期,因此,科学合理地制定有限停车资源的分配、定价、动态供给、收益自融资和再分配、政策评价机制(对于这一系列的机制,下文在简称和泛指时统称为"新型机制"),使其在交通需求管理,进而在缓解城市交通拥堵中发挥作用是势在必行的。

现代智能交通和交通信息化环境下,如何精细化地进行停车管理是广大交通管理者和研究人员面临的重要课题之一。现代智能交通系统和交通信息化的快速发展带来了交通检测与监控手段的日新月异。借助先进的计算机和通信技术,对这些信息进行融合、加工和处理,可以更全面地掌握用户的选择偏好,有助于对有限的停车资源进行精准分配,更好地实现社会福利最大化。此外,本书构建的新型机制可同时实现停车泊位的预约功能,其优势在于不但能够直接降低停车巡航量,还可使得管理者在用户出行前一天精准地把握传统交通检测器很难观测到的区域路网内部的流入流出交通量,为区域交通流的精细化管理与控制提供科学的依据。

兼顾停车管理政策的效率与公平性是至关重要的。传统的停车管理理论与实践具有较强的技术性,主要关心的领域是如何预测停车需求量和优化停车设施空间布局与收费定价,进而提高交通运输系统的运行效率。但是政府投资巨额资金修建停车设施,受益者往往只是部分小汽车使用者,对广大用户的公平性缺乏考虑。同时,停车收益的自融资与再分配的计划与机制也尚未明确。因此,构建新型停车管理政策时需要秉承效率与公平性并重的原则,这是提高停车管理政策的社会可接受性、维护社会稳定的重要基础。

1.2.2 理论意义

本书提出的新型机制摆脱了对用户停车需求函数预测的依赖,使得停车资源的分配、定价更加精准。停车资源的分配、定价并非一个崭新的话题,但以往的多数理论研究在用户的出行方式选择、路网构造、路段旅行时间函数等方面加入了各种假设,这使得构建的停车资源分配、定价机制都较为依赖用户的停车需求函数预测,若对此把握不好,势必会造成社会福利损失(即无谓损失)。事实上,由于信息的不对称性,管理者往往很难准确地把握用户的停车需求函数。近年来,不依赖用户停车需求函数预测的(可交易)停车许可证概念的提出,从根本上解决了停车管理者与用户之间的信息不对称问题。

本书提出的新型机制明确地考虑了用户的选择偏好,提高了机制实现的总社会福利。以往的理论研究缺少对用户在如下几个方面选择偏好的考虑:①某一区域中存在的若干停车设施;②停车时间模式(即停车起止时间点);③停车许可证购买时间点。新型机制的提出,有助于改进既有理论模型与算法,使其可以更好地应用于下列场景中的停车资源管理:①重要集会场馆周边的停车设施;②城市商业中心的公共停车设施或各类型用地的共享停车泊位;③旅游景点周边的停车设施。

本书增加了对停车收益的自融资和再分配问题的定量分析,提高了停车管理政策的公平性和社会可接受性。对于公共停车设施,停车许可证政策下的"自融资程度"尚未得到定量分析,此分析有助于政府科学地制定交通基础设施建设方面的预算。对于共享停车泊位,亟须构建一种以往研究中没有涉及的、基于各类交通资源提供者(提供共享停车泊位的业主、管理共享停车泊位的物业公司等)对于社会福利贡献程度的公平收益分配机制。此机制不但会增加停车管理政策的公平性,也有利于共享停车泊位政策的延续和推广。

本书开发的停车许可证的实际交易手法,有助于推动理论向应用加速转化。在以往的理论研究中,研究者假设停车许可证的最优分配、定价及社会福利最大化是通过用户之间的相互自由交易来实现的,缺少对现实可操作性强的交易手法的开发,这使得构建的理论模型很难应用于实际的停车管理中。新型机制是一种可操作性很强的手法,通过此机制管理者依然可以精确地实现停车许可证的最优分配、定价和社会福利最大化,且与用户之间充分、自由交换停车许可证得到的结果是一致的。

本书对机制的算法时间复杂度进行了深入分析,明确了理论模型的适用对象规模。停车资源分配问题往往是一个大规模整数规划问题。因此,构建的交易机制或开发的模型算法应具有多项式型的最坏算法时间复杂度,或者相较传统分支定界法、动态规划法等,应具有更好的最坏算法时间复杂度,否则新开发的机制将很难应用到实际问题中。鉴于此,本书对新型机制的算法时间复杂度进行深入分析,并与传统机制进行定量对比分析。

本书提出了停车许可证的动态最优供给策略,扩大了既有理论的适用范围。一般来说,在某一区域中通常会同时存在可预约(受到停车许可证管制)和不可预约两种停车设施。同时,持有停车许可证用户的停车行为也存在随机性,即停车许可证用户通常很难按预定的时间到达和离开停车设施。鉴于此,有必要利用随机最优控制理论构建数学模型,从而提出停车许可证的动态最优供给策略以最小化两类用户的总出行成本。

从网络交通流和温室气体排放两个方面,本书提出了针对停车资源管理政策的评价方法,为构建停车管理政策的评价体系提供了新思路。共享停车泊位本质上为私人物品,其供给来源于以获得一定收益为目的的个人和企事业单位,且他们参与和退出市场是自由的,与专门提供共享单车的企业有较大差别。同时,由于提供者之间的属性存在较大差异,他们对于成交价格的预期水平和方式并非一致,因此交易市场中共享停车泊位的成交价格与成交量势必呈现出动态波动复杂变化的特点,而这会对路网中小汽车流量的分配和温室气体排放量产生较大影响,有必要对其进行科学评价。

1.2.3 研究目的

本书的目的是建立基于停车许可证的新型停车资源管理机制,亦可细化为以下 5 个研究内容,这 5 个研究内容分别对应本书的第 2 章至第 6 章。

研究内容一:明确考虑用户各类选择偏好,通过停车许可证构建区域停车资源最优分配、定价模型,为停车许可证概念的实际应用、改良现有停车管理政策提供理论基础。

研究内容二:利用拍卖理论构建现实可操作性强的停车许可证最优分配、定价机制,而后对此机制的性质进行了深入分析。同时,通过比较上述新开发算法与传统算法的最坏、一般时间复杂度,以确定新构建机制适用的实际问题规模,为交通规划、管理与控制对象的甄别提供科学依据。

研究内容三:针对公共、共享停车泊位分析停车收益自融资程度和构建再分配机制,为停车设施的临时和永久扩容提供融资渠道,同时提高政策的公平性和社会可接受性。此部分研究内容对应本书的第 4 章。

研究内容四:考虑持有和未持有停车许可证用户停车行为具有不确定性的特点,提出停车许可证的动态最优供给策略,以扩大停车许可证的适用范围,为可预约和不可预约两类停车设施共存情景下的停车资源管理,提供决策参考。

研究内容五:深度挖掘共享停车泊位交易市场的成交量和价格波动风险产生机理,构建预警机制和调控措施。同时科学评价共享停车泊位交易系统对网络交通流和温室气体排放的影响,为交通相关部门就如何监管共享停车泊位交易市场提供决策参考。

1.3 研究框架和方法

1.3.1 研究框架

根据 1.2 节所述的 5 个研究内容,可将各章节的内容关联分析整理如下(图 1-1):第 4 章是第 2 章的纵向扩展,即分析停车许可证拍卖之后所得收益的再融资与再分配问题。第 3 章是为了实现第 2 章中所述目标——停车资源最优分配与定价而进行的机制设计,同时,第

3 章也对机制的计算效率进行了定量分析。第 5 章是在天内框架下，对第 3 章设计的、只能在静态框架下使用的拍卖机制进行了扩展，并在适用场景中纳入了不可预约的停车泊位。第 6 章是对第 3 章设计机制的客观评价，主要分析停车许可证交易市场中共享停车泊位的成交量与均衡价格的动态波动对其他系统的影响。

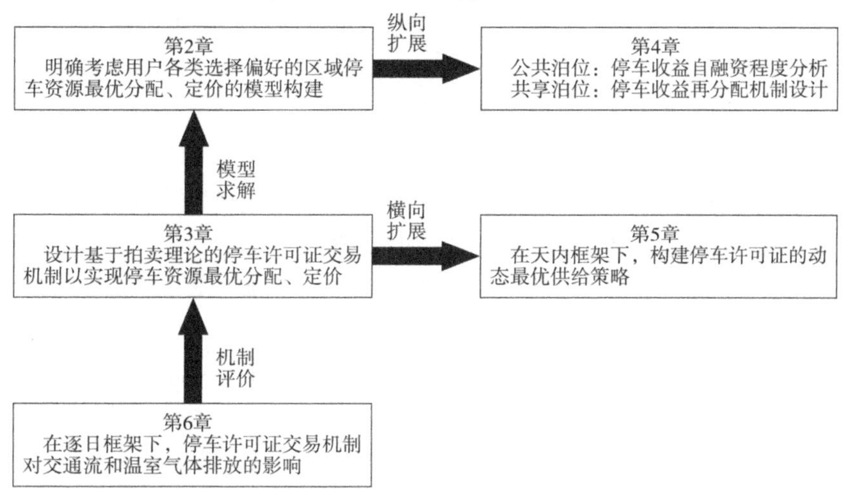

图 1-1　各章节内容的关联

各章节内容的分类见表 1-1。

各章节内容的分类　　表 1-1

项目	天内框架	逐日框架
天内静态	第 2 章(模型 1 与模型 2) 第 4 章	第 2 章(模型 3) 第 6 章
天内动态	第 5 章	—

若从静态(static)、动态(dynamic)、天内(within-day)和逐日(day-to-day)四个维度对本书中的几个子研究内容进行分类，则可发现在逐日的框架下，尚未有研究对天内动态停车许可证问题进行过分析。究其原因之一是，构建的模型将会相当复杂，不但难以求解而且也很难定量地分析模型解的性质。但随着计算机技术的飞速发展，这无疑将是关于停车许可证未来一个十分重要的研究方向。

1.3.2　研究方法

本书主要利用最优化、拍卖、Nash 均衡、Benders 分解、收益分配、自融资、算法时间复杂度、最优控制、分岔和混沌、混沌控制等一系列经典理论进行建模分析与算法开发。下面对上述主要理论的应用进行逐一简单介绍。

最优化理论：基于用户的各种选择偏好(对区域内部各停车设施、各停车时间模式、各停车许可证购买时间点)构建停车许可证的最优分配、定价模型。此外，还需要对求解上述模型的传统算法(如分支定界法等)的适用性进行评价。

拍卖理论：在政策实际实施时，利用升价/降价拍卖代理系统、自适应系统、调优法等，管理者即可获得用户对于各停车设施、各停车时间模式、各停车许可证购买时间点的真实评价额度(即用户的选择偏好),进而精确获得停车许可证的最优分配、定价结果。

Nash 均衡理论:本书需要分析用户对各类停车许可证的选择行为及所达到的最终状态,而后通过上述均衡条件推导出等价最优化问题,并与社会福利最优状态进行对比分析。

Benders 分解原理:考虑用户在停车时间模式方面选择偏好的扩展模型为 NP 困难问题。因此,在人为引入新变量以后,使原本的整数规划问题变为混合整数规划问题,进而利用 Benders 分解原理构建适用于此扩展模型的调优法以精确且高效地求解上述 NP 困难问题。

收益分配理论:以共享停车泊位为对象,对传统沙普利值法的应用条件进行分析,而后构建了基于各类交通参与者对社会福利贡献程度的新型收益分配机制。

自融资理论:针对公共停车泊位,本书需要分析在停车许可证拍卖的政策下,基于最优收费定价所得的总收益是否可以弥补最优停车设施泊位供给下的财政成本,即定量分析项目的实施会带来财政剩余还是财政赤字。

算法时间复杂度理论:对改良型升价拍卖代理系统、自适应拍卖系统、调优法(迭代法、直接法)、收益分配机制的最坏算法时间复杂度进行理论分析,并且与传统机制进行比较。同时,通过蒙特卡洛模拟分析对新型机制与传统机制的一般算法时间复杂度也进行定量比较分析。

最优控制理论:考虑持有和未持有停车许可证用户在停车和巡航行为方面的随机性,将动态系统最优状态构建为随机最优控制模型,而后通过分析此模型的最优性条件:哈密尔顿-雅克比-贝尔曼方程得到停车许可证的动态最优供给策略以实现所有用户出行成本的最小化。

分岔和混沌理论:构建逐日的共享停车泊位交易系统和交通流演化系统,通过对模型求解确定均衡点的存在性、唯一性,而后求解均衡解处雅克比矩阵特征值或使用劳斯-赫尔维茨判定法分析均衡解的稳定性。从而得到系统在均衡解处渐进稳定、分岔和混沌的解析条件。

混沌控制理论:对于离散动力学系统,常用的混沌控制手段为 OGY(Ott-Grebogi-Yorke)❶控制。其基本思想是,利用混沌状态发生时吸引子中不稳定的周期轨道具有对小参数扰动敏感性和混沌运动遍历性的特点,把小参量扰动控制量加入混沌系统,使得系统状态被控制在某一个不动点上。本书利用 OGY 混沌控制理论分别针对共享停车泊位提供者、小汽车用户提出有针对性的调控策略。

1.4 国内外研究现状及发展动态分析

本节将从:①传统的公共停车资源管理方式;②共享停车泊位管理方式;③基于停车许可证的新型停车资源管理方式;④停车许可证的最优供给策略;⑤网络交通流系统的逐日演化特征;⑥交通运输系统的温室气体排放等六个方面对国内外研究现状及发展动态进行评

❶ OGY 控制:其名称是源于发明此控制策略的三位科学家名字的首字母。

述,挖掘先行研究中存在的局限性。

1.4.1 传统的公共停车资源管理方式

传统的停车资源管理方式包括“价格管理”与“数量管理”两种。前者的代表研究主要为停车收费政策的制定,且早已成为各国政府与学术界关心的热点问题。在“价格管理”的国际研究方面,Young 等[25]、Arnott 等[26]、Glazer 和 Niskanen[27]的研究表明,停车收费是平衡停车需求与停车供给的有效手段;Verhoef 等[28]对比分析了停车收费政策与控制停车泊位供给政策的优劣;Lam 等[29]研究了停车收费价格对平衡停车供需的作用;Arnott 和 Rowse[30]着眼于驾驶员寻找空余停车泊位的行为构建了停车模型并分析了其性质;Anderson 和 de Palma[31]分析了停车定价的收益问题;Feitelson 和 Rotem[32]提出了停车的负面外部性应由征收停车税来抵消的思路;Wang 等[33]分析了在单中心城市中最优驻车换乘设施的空间布局和收费定价;Arnott 和Inci[34]从经济学的视角探讨了路边停车收费定价与交通拥堵之间的关系;Arnott 和 Rowse[35]发现了提高路内停车收费水平有利于降低单位空间-时间的资源成本;Liu 等[36]以线性城市为例对停车换乘设施的空间布局进行了分析;Ayala 等[37]提出了一个有限数量车辆和有限数量停车泊位的分配博弈模型;Ayala 等[38]提出了两种定价策略,在这两种策略下的用户均衡状态与社会最优状态均是一致的;Qian 等[39]研究了不同停车场容量及收费水平下的停车市场均衡问题;Fosgerau 和 de Palma[40]提出了一种动态停车收费政策;Qian 和 Rajagopal[41]在需求不确定和考虑用户异质性的条件下,采用随机控制方法,研究了以停车泊位占用率为导向的动态定价方法;Qian 和 Rajagopal[42]分析了动态停车收费及信息提供政策对早高峰时段周期性通勤者的影响机理;Inci[43]回顾和总结了停车收费政策的相关研究;Mackowski 等[44]建立了以需求为基础的停车收费动态定价模型,以减少用户在城市街区搜索停车泊位的时间;He 等[45]提出了一个有效价格向量,它可以保证每次停车竞争博弈的结果都是系统最优;Zou 等[46]针对公共停车泊位分配问题设计了一个机制,此机制可以实现社会总剩余的最大化;Liu 等[47-48]在考虑停车容量和停车设施中交通拥堵的基础上,在多阶段超级网络中提出了一个基于活动计划和出行链的动态交通分配模型;Xiao 等[49]在停车泊位有限的条件下研究了早高峰时段通勤中的合乘问题;Zheng 和 Geroliminis[50]利用路网宏观基本图构建了多模式交通网络并利用此模型制定了动态停车收费策略;Liu 和 Geroliminis[51]构建了一种宏观动态收费模型来降低停车巡航量与日程延误时间;Nourinejad 和 Roorda[52]认为,如果单位小时停车定价不合理,则可能导致更多的拥堵和社会福利的减少;Ma 和 Zhang[53]在拼车和动态停车收费的框架下研究了早高峰时段通勤问题;Shoup 等[54]发现基于市场价格收取停车费用可以有效地为公共服务筹措资金;Balac 等[55]发现停车定价的提高有利于增加自由流动式共享汽车(Free-floating Carsharing)的使用;Gu 等[56]提出了利用路网宏观基本图对停车巡航时间进行定量评价的构想,并给出了动态最优收费策略;Lu 等[57]分析了日常出勤中的停车均衡问题。

在“价格管理”的国内研究方面,关宏志等[24]与秦焕美等[58]探讨了停车收费定价与用户出行模式选择行为之间的相互影响机制;王健等[59]提出了将停车设施收费与路段拥挤收费相结合的设想;李志纯等[60]探讨了在三种市场机制下的最优收费定价机制;刘子长等[61]

以最大限度利用停车设施容量为目标制定了最优收费定价机制；王健等[62]以经济利润最大化为目标，建立了停车泊位容量随时间呈阶段性变化的路外停车定价模型；范文博等[63]研究了三种运营机制下两类停车设施（公共停车设施与驻车换乘设施）的最优定价问题；李雪梅等[64]探讨了基于停车时空价值分析的最优收费定价机制；肖玲等[65]分析了公私两种停车设施经营模式同时存在条件下的收费定价问题；王建军等[66]考虑了停车者、投资经营者与社会公众的利益与需求，提出了多方综合效益最大化的停车收费定价方法；秦焕美等[67]通过停车调查得到路侧停车价格浮动变化下的停车和出行意向，据此计算得到路侧浮动式停车收费的定价方案；贺康康等[68]通过巢式 Logit 模型分析了动态停车预约收费条件下影响用户出行行为选择的各类因素。

在“数量管理”的国际研究方面，其代表研究主要为停车设施预约系统的构建。Chen 等[69]提出了一个停车预约系统，并利用拍卖机制提出了可使得社会总成本最小化的停车资源最优分配与定价策略；Lei 和 Ouyang[70]建立了以停车预约系统为基础的实时动态停车收费定价模型；Tian 等[71]以早高峰时段通勤问题为对象，在考虑停车泊位制约和燃油消耗量的基础上，探讨了预约停车系统的动态收费；Kotb 等[72]回顾和总结了停车导航、监控和预约系统的发展历程；Mei 等[73]分析了停车泊位空间分布、停车预约系统与停车收费对平衡停车供需的不同作用；Bock 等[74]和 Rajabioun 和Ioannou[75]分别使用了出租汽车数据和多变量时空模型对路内路外公共停车设施的容量进行预测和监控；Ferreira 和 Silva[76]发现使用路边停车泊位在线预约系统可以有效地消除停车巡航中的不确定性；Shao 等[77]提出了一个有效的多阶段 VCG（Vickrey-Clarke-Groves）拍卖机制，以减少大城市交通中的停车巡航量；Zhao 等[78]以北京市为例评价了停车预约系统对环境的影响。

在“数量管理”的国内研究方面，杨庆芳等[79]构建了“时间共享性预订服务”和“实时性预订服务”两类停车预定模型并提出了求解算法；仝进等[80]针对北京市停车难问题的产生原因，提出了在北京市居住停车区域实施认证机制的构想，并深入探讨了认证的工作流程、职责分工等内容；严海等[81]通过仿真分析了预约停车泊位设置方法对停车巡航时间的影响。

此处有三点需要补充说明：①以 Zhang 等[82]为代表的停车许可证研究也属于“数量管理”研究的范畴，但因为是本书的重点，因此既有研究放在 1.4.3 节中进行了详细评述。②上述关于公共停车泊位的相关研究成果大部分亦可应用于共享停车泊位，因此 1.4.2 节仅对研究对象是公共停车泊位的既有研究进行总结和分析。③在信息非对称的环境下，“数量控制”的结果往往会优于“价格控制”（详见 Weitzmanm[83]；Laffont[84]）。

1.4.2 共享停车泊位管理方式

国际上，以共享停车泊位为研究对象的成果并不多，Shao 等[85]考虑居住区的泊位使用特征，引入预订机制，构建了停车泊位共享场景下的系统效益最大化模型；Chen 等[86]为提高停车泊位的共享能力，分析了医院中四类常见人群的停车行为；Xiao 等[87]和 Xiao 等[88]提出了两种基于拍卖理论的共享停车泊位资源的最优分配、定价机制；Zhang 等[89]在考虑共享停车泊位空间分布的基础上分析了用户均衡问题，给出了共享停车泊位的最优定价，此定价可以同时实现平台收益最大化与社会成本最小化。

在国内，陈峻等[90]以中心城区高校为对象，通过对停车泊位需求时变的预测，构建了共享停车泊位动态分配模型并定量评价了其实施效果；段满珍等[91]构建了居住区停车泊位对外共享能力的评估模型；段满珍等[92]提出了个性化共享停车诱导服务策略，并在此基础上构建了停车泊位分配模型；姚恩建等[93]针对居住区，以提高共享停车泊位利用率为目标构建了在一定供给与需求条件下的共享停车泊位优化配置的加权顶点着色模型并给出了相应算法；李涛等[94]以最大化停车管理者收益为目标讨论了最优停车泊位共享率与停车共享终止时间；陈峻等[95]以城市中心区多类型用地配建停车设施为对象构建了停车时空资源消耗模型；林小围等[96]发现相较停车管理者动态收集私家车泊位信息并进行停车泊位分配，业主若能尽早地向停车管理者提供信息，则停车泊位利用率和业主收益都可以大幅提升；杨晓芳等[97]分析了不同因素对用户共享停车选择行为的影响程度；王保乾等[98]基于停车者视角构建了共享停车泊位选择行为的 Logistic 实证分析模型；季彦婕等[99]对促进停车泊位共享的相关政策提出了评估方法；张文会等[100]综合考虑了停车泊位利用率最大化和用户步行距离最小化构建了共享停车泊位分配的双目标规划模型；高良鹏等[101]在逐日演化的框架下研究了在弹性停车激励机制下共享停车泊位提供者的竞价演化机理；张水潮等[102]在预约请求的条件下，构建了平台收益及用户步行距离为目标函数的共享停车泊位分配模型；孙会君等[103]考虑了租用停车泊位成本，接受请求获取利益与拒绝用户请求、拒绝租用停车泊位可能造成的影响，构建了整数规划模型以实现运营商的利益最大化；姬杨蓓蓓等[104]发现毗邻私有停车设施设置共享停车泊位可有效地缓解交通拥堵，但过多地设置反而会使得路网中产生新的交通拥堵；王翰麟[105]在深入分析用户预约时间段与停车泊位共享时间段的关联性基础上，构建了共享时间窗约束下的共享停车泊位动态分配模型。

1.4.3 基于可交易许可证的新型停车资源管理方式

可交易许可证制度原是管理者通过引入自由竞争的市场制度来分配稀缺资源或控制污染排放量的一种方式，近年来，此概念逐渐被引入到交通需求管理中（综述详见 Fan 和 Jiang[106]；范文博[107]；王鹏飞等[108]）。相较传统经典的交通拥挤收费政策[109]及路权预约分配政策[110-111]，可交易（道路通行）许可证制度具有不依赖用户交通需求函数预测，并且能够保障用户自由选择权的优势，因此备受交通学者的关注。在交通需求管理领域，Akamatsu 等[112]、Akamatsu[113]、Akamatsu 和 Wada[114]最先提出了可交易瓶颈/路网通行许可证的概念（Tradable Bottleneck/Network Permits，TBP/TNP），并将其成功应用到单一瓶颈路网与一般路网中，同时发现在可交易瓶颈/路网通行许可证制度下，用户均衡选择结果与路网中所有用户出行时间最小化的结果一致。近年来，又有研究（例如：Peng 和 Park[115]）将拍卖机制与路权预约系统统筹考虑构建了新型机制，并在仿真试验中取得了良好的效果。同时，以 Yang 等[116]为代表的一系列研究也提出了与可交易瓶颈/路网通行许可证理论较为相似的可交易电子路票（Tradable Travel Credit Schemes，TTC）的概念，并在理论上取得了较大突破。此处有一点需要补充说明："可交易"表示的是已经获得许可证的用户可根据自身的需求相互充分交换许可证以实现各自利益最大化，即许可证分配的一种有效方式。但因为目前主流的许可证分配方式为拍卖，因此下文叙述时不再特殊指明“可交易”。

在停车资源管理方面，国际上，Zhang 等[117]研究了不同的停车许可证分配方案对交通出行外部成本的影响；Liu 等[118]解决了停车泊位的预留期满问题；Liu 等[119]考虑了社会福利最大化与用户不同的时间价值；Wang 等[120]研究了各类停车许可证拍卖机制的计算效率问题。

在国内，何胜学[121]提出了能够实际求解可交易瓶颈/路网通行许可证均衡系统的交通网络模型；范文博[107]分析了可交易许可证制度在交通需求管理中的应用前景；王鹏飞等[122]提出了利用停车许可证拍卖的方式来实现路外公共停车设施的最优收费定价的构想；王鹏飞等[123]针对共享停车泊位，考虑了用户对于停车设施与停车时间模式的选择偏好，构建了基于沙普利值法和拍卖理论的新型停车（许可证）收益分配机制；于璐伊等[124]发现了指定泊位的停车许可证结合动态拥挤收费政策可使得交通系统碳排放最小化，但在公众可接受度方面，未指定泊位的停车许可证反而更有优势；谭冰清等[125]考虑了停车服务平台同时提供预约和非预约两种停车模式，建立了基于组合拍卖与统一价格的停车泊位最优分配模型。

1.4.4 停车许可证的最优供给策略

理论上，停车许可证在理想条件下可实现所有用户出行成本的最小化。但在现实世界中，往往存在如下两种实际情景：一是持有停车许可证的用户会出现比预约时刻早到/晚到或早离开/晚离开停车设施的行为；二是并非所有停车设施都是可预约的，即在一个区域之内往往同时存在可预约和不可预约的两类停车设施。此方面，Yang 等[126]扩展了 Zhang 等[117]的研究，认为大城市中存在“可预约（受到停车许可证管制）”与“不可预约（先到先得）”两种类型的停车资源供给模式，并给出了可预约停车泊位的静态最优占比；Wang 等[127]以存在单一瓶颈的道路为对象，构建了瓶颈通行许可证各购买时间点的最优供给量；Wang 等[128-130]在机动车尾气排放量、公共交通的规模经济等多种场景下分析了停车许可证的静态最优供给策略；Zhao 等[131]在共享停车泊位提供者随机返回住宅小区的场景下，通过实际数据进行仿真得到了共享停车泊位的最优出售比例；Wang 等[132]针对智能网联汽车开发了一种动态最优模型以实现停车泊位数量的最优控制。

在国内，王鹏飞等[133]考虑了用户随机到达交通瓶颈的情况，通过数值试验的方式求解到用户各类属性组合条件下的最优外生瓶颈通行许可证发行策略；王鹏飞等（2020）[134]以持有和未持有停车许可证两类用户、可预约和不可预约两类停车设施为对象，利用最优控制理论提出了停车许可证的动态最优供给策略。

1.4.5 网络交通流系统的逐日演化特征

在网络交通流的动态演化方面，国内外近几十年积累了大量研究成果。研究方法主要分为计算机或行为试验的模拟仿真，基于非线性动力学和非集计行为理论的模型均衡点存在性及其稳定性的理论分析，本书主要采用后者的方法，并且是在离散时间的框架下进行的。在此领域的代表性研究中，Nakayama[135]发现了当参数的设置满足一定条件时，多模式交通网络中的交通流会出现混沌现象;Bie 和 Lo[136]、Guo 等[137-138]、杨文娟等[139]构建了基于用户均衡和随机用户均衡的交通分配动态演化系统模型,而后对其稳定性、收敛性等重要性质进行了分析,并基于此提出了交通拥堵缓解策略;李涛等[140]、刘诗序[141-142]在弹性需求和用户具有有限理性的条件下分析了网络交通流的逐日演化规律,并研究了交通流出现非周期振荡现象时的控制方法;李嫚嫚等[143]发现以恰当的比例混合使用描述信息和规范信息可以提高交通流演化的稳定性;徐薇等[144]构建了双目标用户均衡下的交通流逐日动态演化模型,并从理论上证明了该模型的收敛性;王鹏飞等[145]发现了共享停车泊位交易市场中用户与停车泊位提供者的行为特征会极大地影响网络交通流逐日动态演化规律。

1.4.6 交通运输系统的温室气体排放

Beevers 和 Carslaw[146]以伦敦市中心和中心城区为对象,研究了拥堵收费对机动车排放的影响;Smit 等[147]发现了如果在模型中考虑到车速的统计分布,则管理者可以更加精准地预测道路交通的排放量;Matthew 和 Kanok[148-149]利用真实世界的数据定量分析了温室气体排放和交通拥堵的关系;Caicedo[150]通过实时停车信息定量评价了车辆的寻泊时间和排放量;Chu 和 Tsai[151]构建了一种环境友好型的停车管理政策,此政策可以有效地降低车辆寻泊里程和温室气体排放量;Tsai 和 Chu[152]制定了一种停车预约收费政策,此定价等于车辆巡航成本,并可以有效地降低机动车的排放量;Markos 和 Constantinos[153]通过微观仿真模型评价了路内违法停车对交通排放量的影响;Song 等[154]提出了一种基于实时视频数据与深度学习技术的交通系统排放量预测方法;Zhang 等[155]分析了中国道路交通系统中现行的碳排放计算方式;Xu 等[156]分析了交通、道路网络和人口数量等对 CO、NO_2、PM_{10}等污染物排放量的影响;Yang 等[157]使用了真实数据,发现速度导航系统可以有效降低交通运输系统的碳排放量;Wang 等[158]发现只要对政府投资比例进行优化,即可明显降低交通运输和道路养护方面的总环境成本;Sun 等[159]总结了北京市的各类交通管制措施,并且分析了这些交通管控措施所造成的停车巡航及温室气体排放成本。

1.5 本章小结

通过 1.4 节的既有研究评述可知,国内外学者对于传统的、基于用户停车需求函数预测的停车资源分配、定价方面的研究已经比较成熟。同时,对于交通系统的逐日演化规律及其温室气体排放等方面也有了一定认知。此外,对基于停车许可证的停车资源管理方式也有了初步研究。但是在停车许可证制度的框架下,既有研究没有明确考虑用户对于区域内停车设施、停车时间模式、购买停车许可证时间点等方面的选择偏好。同时,更没有基于此偏好,构建区域停车资源的最优分配、定价、动态供给、收益自融资和再分配、共享停车泊位成交量与价格的逐日演化模型。此外,对于上述部分模型求解算法的构建、停车许可证交易手法的开发等内容的研究也不尽完善,没有形成系统的理论和方法,同时也缺少相应的实证分析案例。

综上所述,本书以不依赖用户停车需求函数预测的停车许可证为手段,首先在模型构建时需要明确考虑用户对区域内部停车设施、停车时间模式、停车许可证购买时间点等方面的选择偏好。其次，设计基于拍卖理论的新型机制，并对机制的最坏、一般算法时间复杂度进行定量分析。再次，分别针对公共、共享停车泊位分析自融资程度和构建收益再分配机制。从次，在考虑持有和未持有停车许可证两类用户停车行为具有随机性的基础上，开发停车许可证的动态最优供给策略。最后，从网络交通流和温室气体排放两个方面提出对停车管理政策的评价方法。上述成果将在平衡停车供需、降低停车巡航量、盘活闲置停车资源、提高公交出行分担率、增加停车管理政策的公平性和社会可接受性、促进停车管理政策的延续与推广、缓解城市交通拥堵、降低城市交通系统碳排放量等方面发挥重要作用。

第2章　停车许可证最优分配与定价的模型构建

2.1 三种模型的适用场景及基本假设

2.1.1 变量和参数

本章出现的变量和参数较多，并且有可能与其他章节重叠和冲突，所以表2-1对本章中出现的所有变量和参数进行了总结，以方便读者理解和查询。同时，表2-1所示变量和参数的意义对本书第2、3章适用。

第2章中变量和参数的意义　　表2-1

变量和参数	意　义
a	小汽车用户(停车泊位使用者)
A	小汽车用户的集合
i	停车设施
I	停车设施的集合
r	用户停车时间模式
R	用户停车时间模式的集合
m	用户购买停车许可证时间点
M	用户购买停车许可证时间点的集合
t	单位停车时间段
T	单位停车时间段的集合
o	出行起点
O	出行起点的集合
d	出行终点
D	出行终点的集合
w	用户对出行意愿支付的最高额度
v	用户的评价额度
u	用户的效用
p	停车许可证的价格
h	用户日程延误时间
z	用户从停车设施步行至目的地花费时间
β	用户日程延误时间的时间价值

续上表

变量和参数	意　义
γ	用户从停车设施步行至目的地花费时间的时间价值
y	停车许可证的分配结果
ρ	用户的均衡效用
c	停车设施的容量
δ	单位停车时间段是否属于用户停车时间模式的判断变量

2.1.2　交通网络

为达到终点，任一小汽车用户 $a(a\in A)$ 都必须将车停放在终点周边的停车设施 $i(i\in I)$ 的泊位中，而后步行或使用非机动车至终点（图 2-1），此处的停车泊位可以是公共停车泊位，也可以是共享停车泊位。由于本章重点探讨停车资源的分配和定价问题，并没有对停车巡航时间、停车政策对网络交通流的影响等进行分析，因此图 2-1 所示的交通网络并没有具体和特殊的构造。

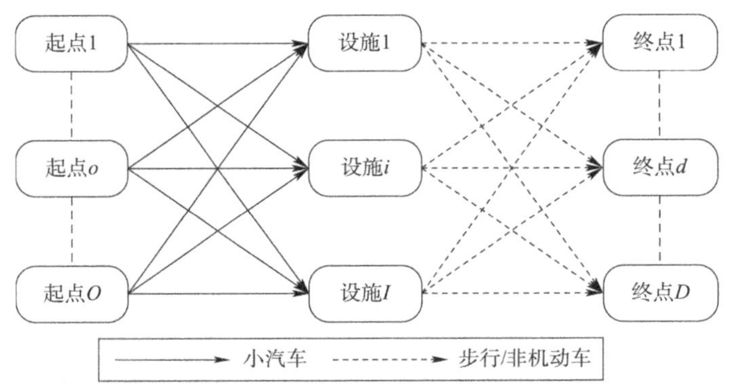

图 2-1　交通网络

2.1.3　交通行为主体

在停车资源的分配和定价问题中，交通行为主体主要为停车资源管理者和停车泊位使用者。若停车资源为共享停车泊位且探讨的是停车收益的再分配问题，则还需要对另一个行为主体——共享停车泊位提供者的行为进行分析。由于本章只讨论停车资源的分配和定价问题，因此下文只对停车资源管理者和停车泊位使用者的行为特性进行分析并给出重要假设，而对共享停车泊位提供者的行为分析及相关假设详见 4.1.2 节和 6.1.3 节。

1）停车资源管理者

停车资源（即停车许可证）交易的平台管理者（以下简称“管理者”）在本书中为政府职能部门，是对有限停车资源进行有效管理，解决停车难问题进而实现社会福利最大化的行为主体。为此，管理者需要预先收集区域内所有停车设施的停车泊位总量、运营时间等信息，再通过网络交易市场向停车泊位使用者出售停车许可证。公共（共享）停车泊位停车许可证即在指定的时间段与指定的公共(共享)停车设施内才可以停车的,且由管理者通过网络交易平台向停车泊位使用者出售的一种权利。

2)停车泊位使用者

停车泊位使用者是根据自身需求(如出行计划安排、随车人数、停车设施性质、停车管理水平、停车后步行至目的地的可接受距离等),以最大化自身效用为目标的用户(以下简称"用户")。此外,在出行前的一段时间内(如出行前一天),用户需要通过停车泊位交易平台购买出行时(如出行当天)使用的停车许可证。

购买停车设施 i、停车时间模式 r 的停车许可证用户 a 所获得的效用 $u_{i,r}^{a}$ 可定义为如下线性模式:

$$u_{i,r}^{a} = v_{i,r}^{a} - p_{i,r} \qquad \forall a \in A, \forall i \in I, \forall r \in R \tag{2-1}$$

式中,$v_{i,r}^{a}$ 为用户对各停车设施及停车时间模式的停车许可证评价额度;$p_{i,r}$ 为相应的停车许可证价格。即用户的效用是由其对各停车设施及停车时间模式的停车许可证评价额度 $v_{i,r}^{a}$ 与相应的停车许可证价格 $p_{i,r}$ 的差值决定的,而用户会从中选择效用最大的停车许可证(即效用最大化原理)。

其中,评价额度 $v_{i,r}^{a}$ 是本书用来表征用户对各停车设施与各停车时间模式选择偏好的重要参数,其一般生成机制可由式(2-2)表示:

$$v_{i,r}^{a} = w^{a} - (\beta^{a} h_{r}^{a} + \gamma^{a} z_{i}^{a}) \qquad \forall a \in A, \forall i \in I, \forall r \in R \tag{2-2}$$

式中,w^{a} 为用户 a 对此次出行意愿支付的最高额度,现实中主要是由其收入、出行计划和待办事项等用户本身特性决定的;h_{r}^{a} 为停车时间模式 r 所造成的日程延误时间,主要用于描述用户的出行时间选择;z_{i}^{a} 为用户 a 从停车设施 i 步行至目的地的时间,用以表征路网的空间结构(停车设施的空间分布)特性对用户评价额度的影响;β^{a} 与 γ^{a} 分别为上述两个时间的时间价值,其与时间的乘积即为成本。实际上,用户的诸多自身属性和随车人数等也均会影响其选择偏好。因此,式(2-2)仅以可定量分析的两个影响用户选择偏好的代表性因素(一个为时间因素,一个为空间因素)为例,对评价额度 $v_{i,r}^{a}$ 的生成机制进行描述。此处需要强调的是,上述表征用户选择偏好的所有参数均为用户的个人信息且不能被管理者直接准确地观测到。因此,如何设计一种停车许可证交易机制,使管理者可以准确地把握用户的评价额度是本书的重点(详见第 3 章)。

2.2 考虑停车设施异质性的基础模型

基础模型的场景设定为:仅有一个停车许可证购买时间点,且所有用户的停车时间模式一致。例如:举办大型集会活动场馆周边的停车设施符合上述场景设定。在上述设定下,每位用户 a 根据自身的选择偏好,对区域中的每个停车设施 i 都有一个评价额度 v_{i}^{a}。同时,式(2-2) 所示的一般生成机制就可以退化为式(2-3):

$$v_{i}^{a} = w^{a} - \gamma^{a} z_{i}^{a} \qquad \forall a \in A, \forall i \in I \tag{2-3}$$

而后每位用户的效用 u_{i}^{a} 可由公式 $u_{i}^{a} = v_{i}^{a} - p_{i}$ 进行计算,其中,p_{i} 为停车设施 i 的收费定价(即停车许可证的价格),而关于其具体定价机制的探讨则是本书的重点内容。

在上述关于效用的定义的基础上，用户根据效用最大化原则选择停车许可证，而后达到的均衡状态可由式(2-4)～式(2-6)进行描述。此处的均衡状态定义为每个用户没有能力通过单方面地改变选择来达到提高自身效用的目的。

$$\begin{cases} v_i^a - p_i = \rho^a & \text{if} \quad y_i^a = 1 \\ v_i^a - p_i \leqslant \rho^a & \text{if} \quad y_i^a = 0 \end{cases} \qquad \forall a \in A, \forall i \in I \tag{2-4}$$

式中，y_i^a 为停车设施 i 对于用户 a 的分配结果（即停车许可证的分配结果）。式(2-4)的意义为被某停车设施 i 的停车许可证分配到的用户 a 获得的效用 u_i^a 与其均衡效用 ρ^a 是一致的，大于用户从其他任何一个停车设施获得的效用。

$$\begin{cases} \sum_{a \in A} y_i^a = c_i & \text{if} \quad p_i \geqslant 0 \\ \sum_{a \in A} y_i^a \leqslant c_i & \text{if} \quad p_i = 0 \end{cases} \qquad \forall i \in I \tag{2-5}$$

式中，c_i 为停车设施 i 的泊位总数。如式(2-5)所示，当某停车设施 i 的停车许可证价格 p_i 大于0时，则意味用户对此停车许可证的需求量大于供给量。若等于0，则说明用户对此停车许可证的需求量小于供给量，此时用户不用为在此停车设施停车支付任何费用❶。此外，停车许可证价格 p_i 与均衡效用 ρ^a 还应该满足下述非负条件。

$$p_i \geqslant 0, \rho^a \geqslant 0 \qquad \forall a \in A, \forall i \in I \tag{2-6}$$

管理者所要实现的停车许可证最优分配方式，是使得社会福利最大化的分配方式。此处的社会福利是指用户剩余（即用户效用）与管理者剩余（停车收益，即用户支付的停车费用）之和。因此，求解最优停车许可证分配方式的最优化问题[SO]可由式(2-7)～式(2-10)给出（此处，SO 表示 Social Optimum）：

$$F_{\text{SO}} \equiv \max_{y} \sum_{i \in I} \sum_{a \in A} v_i^a y_i^a \tag{2-7}$$

s. t.

$$\sum_{i \in I} y_i^a \leqslant 1 \qquad \forall a \in A \tag{2-8}$$

$$\sum_{a \in A} y_i^a \leqslant c_i \qquad \forall i \in I \tag{2-9}$$

$$y_i^a \in \{0,1\} \qquad \forall a \in A, \forall i \in I \tag{2-10}$$

对各公式的意义解释如下：

式(2-7)为目标函数，表示社会福利最大化；式(2-8)表示用户在一天之内只在上述停车设施中停车一次，并只使用一个停车泊位（即只获得一枚停车许可证）；

式(2-9)表示所发行的各停车设施 i 的停车许可证数量不能超过其总停车泊位数；

式(2-10)为分配方式的0－1制约条件。

由问题[SO]的构造可知，利用式(2-4)～式(2-6)所构建的求解用户均衡状态的等价最优化问题与停车许可证最优分配问题[SO]是一致的。因此可知，在停车许可证制度下，用

❶ 理论上，在用户停车需求小于停车供给时，停车许可证的最优定价为零。现实中，考虑到停车设施运营成本等因素，即使停车许可证的最优定价为零，用户依然需要支付一定的基础费用（例如：3元人民币等）。

户均衡状态与停车许可证的最优分配社会福利最优状态是一致的。其中,p_i 与 ρ^a 分别为制约条件式(2-8)与式(2-9)的拉格朗日乘子。

根据 Leonard[160] 的分析,若一个最优分配问题满足多物品及每个买家对物品单一需求这两个条件,则竞争均衡价格就可以由其对偶问题确定。即求解问题[SO]的对偶问题便会得到各停车许可证的最优收费定价 p_i 与各用户的均衡效用 ρ^a,停车许可证最优分配问题[SO]的对偶问题[SO－D]如下所示:

$$F_{\text{SO-D}} \equiv \min_{p,\rho} \sum_{i \in I} c_i p_i + \sum_{a \in A} \rho^a \tag{2-11}$$

s. t. 式(2-6)

$$\rho^a \geqslant v_i^a - p_i \qquad \forall a \in A, \forall i \in I \tag{2-12}$$

式中,式(2-12)表示对于每个用户 a,其最终获得的均衡效用 ρ^a 一定为用户从所有停车设施中获得效用的最大值(用户效用最大化)。此对偶问题[SO－D]为线性规划问题,若用户的评价额度 v_i^a 可知,则理论上采用传统的原始对偶内点法即可求解。

值得注意的是,通过求解上述对偶问题[SO－D]所得到的竞争均衡价格并不具有防止策略性操作的重要性质(Strategy-proofness),即"讲真话"并非用户的支配性策略,而此性质是防止用户对拍卖物品(即停车许可证)的评价额度进行虚假申报而从中获利的重要制约机制。根据 Leonard[160] 的分析,最小竞争均衡价格拥有此重要性质。因此,还需要在问题[SO－D]的基础上定义如下问题[SO－DM],以最小化竞争均衡价格:

$$F_{\text{SO-DM}} \equiv \min_{p,\rho} \sum_{i \in I} c_i p_i \tag{2-13}$$

s. t. 式(2-6)、式(2-12)

$$\sum_{i \in I} c_i p_i + \sum_{a \in A} \rho^a = F_{\text{SO}} \tag{2-14}$$

式(2-13)为求解最小竞争均衡价格的目标函数;式(2-14)表示在社会福利最优条件下使得用户效用最大化与管理者收益最小化的制约条件。由于问题[SO－DM]同样为线性规划问题,因此,若社会福利最大值 F_{SO} 可知,则理论上也可考虑采用原始对偶内点法进行求解。

从问题[SO－DM]构造可知,管理者首先需要求解停车许可证的最优分配问题[SO]而后在得到社会福利最大化具体数值 F_{SO} 的基础上才能通过求解问题[SO－DM]得到停车许可证的最优定价 p_i。但在现实中,由于用户对每种停车许可证的评价额度 v_i^a 是私人信息,管理者并没有办法准确获得。因此,问题[SO]和问题[SO－DM]仅是从理论上给出了停车许可证最优分配、定价的目标和理念,并没有给出具体的实现机制,而这是本书需要探讨的重点问题(详见第 3 章)。

2.3 考虑停车时间异质性的扩展模型

本节在基础模型场景设定的基础上,追加考虑用户在停车时间方面的异质性,下文称其为扩展模型 A。在现实中,此异质性是十分常见的,特别是对于城市商业中心的公共停车泊位或是共享停车泊位,因为停车时间直接反映的是用户从事某一项活动所需要的时间。例如:某位用户计划在 18:00—19:00 用餐,而另外一位用户则计划在 18:30—20:30 看电影,这样在同一个停车设施的时间维度上,即 18:30—19:00 时间内这两个用户的停车需求就产生了冲突。这时,管理者就需要对有限的停车资源进行合理分配才可能实现社会福利的最大化。

在扩展模型 A 中,管理者的目标依然是实现社会福利最大化,因此,停车许可证的最优分配问题[SO－A]可定义如下(此处用“A”来表示扩展模型 A):

$$F_{\mathrm{SO-A}} \equiv \max_{y} \sum_{r \in R} \sum_{i \in I} \sum_{a \in A} v_{i,r}^{a} y_{i,r}^{a} \tag{2-15}$$

s. t.

$$\sum_{r \in R} \sum_{i \in I} y_{i,r}^{a} \leqslant 1 \qquad \forall a \in A \tag{2-16}$$

$$\sum_{r \in R} \sum_{a \in A} y_{i,r}^{a} \cdot \delta_{t,r} \leqslant c_{i,t} \qquad \forall i \in I, \forall t \in T \tag{2-17}$$

$$y_{i,r}^{a} \in \{0,1\} \qquad \forall a \in A, \forall i \in I, \forall r \in R \tag{2-18}$$

式中,t 表示单位停车时间段长度(如 1h);T 为单位停车时间段的集合;R 为停车时间模式的集合;若 t 属于此停车时间模式 r,则 $\delta_{t,r}=1$,否则为 $\delta_{t,r}=0$;$y_{i,r}^{a}$为停车许可证的分配方式;$c_{i,t}$为停车设施 i 在单位时间段 t 内的容量(即可提供的停车泊位数)。

此外,对各公式的意义解释如下:

式(2-15)为目标函数,表示社会福利的最大化;

式(2-16)表示每位用户在一次出行中最多可获得一张停车许可证(即最多只能停车一次);

式(2-17)表示单位时间段 t 内在停车设施 i 中停放的车辆数不可超过该停车设施的总泊位数;

式(2-18)为分配方式的 0－1 制约条件。

与基础模型中的停车许可证最优分配问题[SO]不同,上述停车许可证的最优分配问题[SO－A]为组合拍卖竞胜标确定问题(A Winner Determination Problem in the Combinatorial System),理论上为 NP 困难问题,即多项式复杂程度非确定性问题。即使通过某种机制,管理者可以准确地获知用户对于每种停车许可证的评价额度 $v_{i,r}^{a}$,但当问题规模较大时(即待拍卖物品种类较多),使用穷举法、动态规划法和分支定界法等精确解法依然很难在多项式时间内给出最优解[161－162]。同时,根据 Nisan 和 Ronen[163]研究可知,若管理者只获得了物品分配的次优解,在此基础上求解所得的停车许可证定价则不具有防止策略性操作的重要性质。对此,第 3 章将详细给出问题的解决方案。

2.4 考虑购买停车许可证时间点异质性的扩展模型

上述的基础模型与扩展模型 A 中并未提及用户购买停车许可证的时间点问题,即模型隐含地认为所有用户均集中在同一时间点来购买停车许可证。但在现实中,用户通常会根据自身的计划来设定购买停车许可证的时间。因此,有必要考虑用户对于购买停车许可证时间点的选择偏好,下文称其为扩展模型 B。例如,提前计划好出行游玩的用户更倾向于提前购买停车许可证,而当天才决定要出行游玩的用户则希望在当天能够购买到停车许可证,这种出行与刚性和周期性较强的通勤出行具有显著的差异。因此,若管理者将购买许可证的时间点由单个扩展为多个,则理论上可大幅度提高政策实现的社会总福利和政策的社会可接受性。

在扩展模型 B 中,管理者的目标依然是实现社会福利最大化,停车许可证的最优分配问题[SO－B]可定义如下(此处用“B”来表示扩展模型 B):

$$F_{\mathrm{SO-B}} \equiv \max_{y,c} \sum_{m \in M} \sum_{i \in I} \sum_{a \in A} v_i^{a,m} y_i^{a,m} \tag{2-19}$$

s. t.

$$\sum_{m \in M} \sum_{i \in I} y_i^{a,m} \leqslant 1 \qquad \forall a \in A \tag{2-20}$$

$$\sum_{a \in A} y_i^{a,m} \leqslant c_i^m \qquad \forall i \in I, \forall m \in M \tag{2-21}$$

$$\sum_{m \in M} c_i^m \leqslant c_i \qquad \forall i \in I \tag{2-22}$$

$$y_i^{a,m} \in \{0,1\} \qquad \forall a \in A, \forall i \in I, \forall m \in M \tag{2-23}$$

式(2-19)中 M 为停车许可证购买时间点的集合。

此外,关于目标函数及各约束条件的解释如下:

如式(2-19)所示,最优停车许可证分配方式包含每个购买时间点 m 的分配方式 $y_i^{a,m}$ 与停车许可证发行总量 c_i^m 两个变量;

式(2-20)表示用户在出行当天最多只进行一次出行且只使用一个停车泊位(即只获得一枚停车许可证);

式(2-21)表示在任何购买时间点 m 被分配的各停车设施 i 的停车许可证数量的总和都不能超过此时间点的停车许可证发行总量;

式(2-22)意味着各购买时间点 m 发行的各停车设施 i 的停车许可证数量的总和不能超过其泊位总数;

式(2-23)为分配方式的 0－1 制约条件。

此处需要补充说明一点:由于扩展模型 B 的停车许可证最优分配问题[SO－B]与扩展模型 A 的停车许可证最优分配问题[SO－A]在本质构造上极为相似,因此也可考虑使用相同的机制进行求解(详见第 3 章)。为了使得读者能够更加清晰地理解模型的构造及其实际意义,本书在基础模型的基础上构建了扩展模型 B,而非在扩展模型 A 的基础上。

2.5 本章小结

本章利用停车许可证构建了可实现社会福利最大化的停车资源最优分配、定价模型。具体来说,根据用户不同的选择偏好,构建了如下三种模型:①仅考虑停车设施异质性的基础模型;②在①的基础上追加考虑用户停车时间异质性的扩展模型 A;③在①的基础上追加考虑用户购买停车许可证时间点异质性的扩展模型 B。

基础模型最大的特点就是所有用户的停车时间模式是一致的,同时在一个区域中存在若干个停车设施供用户进行选择，如举办大型集会活动场馆周边的停车设施符合上述场景设定。扩展模型A追加考虑了用户在停车时间方面的异质性，此模型可以应用于城市商业中心的公共停车资源或共享停车资源的分配、定价问题。扩展模型B在基础模型的设定外考虑了用户购买停车许可证时间点的异质性，此模型适用于旅游景点周边的停车资源管理问题。

第 3 章　拍卖机制的构建

3.1　适用场景

3.1.1　变量和参数

在本书第 2 章中使用过的变量和参数,在第 3 章中同样适用。因此,表 3-1 中列出的变量和参数是在表 2-1 的基础上追加的。

第 3 章中变量和参数的意义　　表 3-1

变量和参数	意　义
μ	时间容量
j	步骤(调优法)
J	最大步骤(调优法)
k	阶段(改良型升价拍卖代理系统)
K	最大阶段(改良型升价拍卖代理系统)
$\boldsymbol{X}$	可行域顶点集合
$\boldsymbol{X}'$	可行域顶点集合的子集
Γ_V	VCG 机制的最坏算法时间复杂度
Γ_L	Leonard 机制的最坏算法时间复杂度
Γ_M	改良型升价拍卖代理系统的最坏算法时间复杂度
Γ_E	迭代法(调优法)的最坏算法时间复杂度
Γ_{E-1}	迭代法(调优法)中时间容量调整部分的最坏算法时间复杂度
Γ_{E-2}	迭代法(调优法)中分配和定价部分的最坏算法时间复杂度
Γ_D	直接法(调优法)的最坏算法时间复杂度
Γ_{D-1}	直接法(调优法)中列举顶点部分的最坏算法时间复杂度
Γ_{D-2}	直接法(调优法)中原始—对偶内点法部分的最坏算法时间复杂度
$\boldsymbol{G}$	可行域中有效顶点集合
$\boldsymbol{\Psi}$	可行域中顶点集合上限
f_A	标号法计算时间(改良型升价拍卖代理系统)
f_B	标号法计算时间(调优法)
H_V	利用原始-对偶内点法计算 VCG 机制的最坏算法时间复杂度中的输入规模因子
$H_{V'}$	利用原始-对偶内点法计算 Leonard 机制的最坏算法时间复杂度中的输入规模因子
H_E	利用原始-对偶内点法计算迭代法(调优法)的最坏算法时间复杂度中的输入规模因子
H_D	利用原始-对偶内点法计算直接法(调优法)的最坏算法时间复杂度中的输入规模因子

续上表

变量和参数	意　义
B_V	利用原始-对偶内点法计算 VCG 机制的最坏算法时间复杂度中的子方阵最大行列式绝对值因子
$B_{V'}$	利用原始-对偶内点法计算 Leonard 机制的最坏算法时间复杂度中的子方阵最大行列式绝对值因子
B_E	利用原始-对偶内点法计算迭代法(调优法)的最坏算法时间复杂度中的子方阵最大行列式绝对值因子
B_D	利用原始-对偶内点法计算直接法(调优法)的最坏算法时间复杂度中的子方阵最大行列式绝对值因子
Q_V	利用原始-对偶内点法计算 VCG 机制的最坏算法时间复杂度中的制约条件系数矩阵
$Q_{V'}$	利用原始-对偶内点法计算 Leonard 机制的最坏算法时间复杂度中的制约条件系数矩阵
Q_E	利用原始-对偶内点法计算迭代法(调优法)的最坏算法时间复杂度中的制约条件系数矩阵
Q_D	利用原始-对偶内点法计算直接法(调优法)的最坏算法时间复杂度中的制约条件系数矩阵
b	利用原始-对偶内点法计算迭代法(调优法)的最坏算法时间复杂度中的计算因子
D	改良型升价拍卖代理系统中每一阶段用户的需求集合

3.1.2　拍卖机制与停车许可证分配和定价模型的关系

第 2 章根据不同的应用场景构建了基础模型、扩展模型 A 和扩展模型 B。由这些模型的数理结构可知,管理者的终极目标是社会福利最大化,制约条件是包括每个停车设施的泊位数量、每个用户最多只能分配到一张停车许可证等。要对这些模型进行求解,进而获得停车许可证的最优分配、定价方案,就要预先知晓用户对每种停车许可证的评价额度,而这是上述三种模型与传统整数规划模型的根本区别所在。但在现实中,正如 2.2 节所述,用户对每种停车许可证的评价额度是私人信息,管理者并不能准确把握。另外,扩展模型 A 为 NP 困难问题,即使管理者提前知晓用户对每种停车许可证的评价额度,理论上依然很难在多项式时间内精确求解此 0－1 规划问题。

鉴于此,本章提出的求解机制需要具备以下几种性质:①能让每个用户积极申报自己对各类停车许可证的真实评价额度,即申报真实评价额度是用户的支配战略。②停车许可证的分配方式应能够实现社会福利最大化。③停车许可证的定价应具有防止策略性操作的重要性质。④相较分支定界法等传统算法,能够更有效率地求解 NP 困难问题。⑤尽可能简单的交易过程和较低的交易成本。

3.2　传统拍卖机制及其适用性

对于基础模型所描述的停车许可证最优分配与定价,可考虑使用 VCG 机制[164-166]实现管理者的目标。此机制是第二密封价格拍卖(Second Price Sealed-Bid Auction)中的经典理论,VCG 机制下的价格为最小竞争均衡价格,具有防止策略性操作的重要性质。因此,通过此机制,管理者可以获得用户对各类型停车许可证的真实偏好,进而可以求解到停车许可证的最优分配和定价。但在实际中,VCG 机制的使用前提是每位用户必须向管理者申报其对所有类型停车许可证的评价额度。因此,手续非常烦琐,会大幅降低此机制的社会可接受性。同时,对于没有购买停车许可证经验的用户或对于初次购买某一停车设施或/和某一停车时间模式停车许可证的用户，其申报的评价额度常会偏离物品的真实价值，而最终的实际分配与定价结果也往往不切实际，容易导致赢者诅咒(Winner's Curse)等不良结果的出现，这会严重影响停车许可证政策的推广。

与基础模型的研究场景不同，扩展模型A和扩展模型B的停车许可证最优分配问题[SO－A]和[SO－B]为组合拍卖竞胜标确定问题，理论上为NP困难问题。当问题规模较大时，无论是在理论上还是在实际操作中，使用VCG机制几乎不可能实现停车许可证的最优分配与定价。若将停车许可证的最优分配与定价问题分开求解，则穷举法、动态规划法和分支定界法等精确解法也很难在多项式时间内给出停车许可证分配的最优解[161-162]。另外，许多具有现实可操作性的、可在短时间内给出停车许可证次优解的搜索算法并不适用于本书，因为在次优停车许可证分配方式下得到的停车收费定价(如使用Leonard机制[160]进行定价)将不具有防止策略性操作的重要性质，即用户可以通过申报虚假信息来获得自身更高的效用[163]。同时，由于参数$\delta_{t,r}$的存在导致停车许可证最优分配问题[SO－A]和[SO－B]的制约条件系数矩阵不满足全幺模性，因此即使管理者能够精确地把握用户的评价额度，也不能以原始－对偶内点法[167]等多项式算法求解问题[SO－A]和[SO－B]的缓和线性规划问题得到0－1最优解。

3.3 升价/降价拍卖代理系统

针对基础模型，为实现和VCG机制一样的效果，管理者可考虑采用升价拍卖[Ascending Price Auction，详见Demange等[168]]机制或降价拍卖[Decending Price Auction，详见Mishra和Parkes[169]]机制等手法以获得停车许可证的最优分配与定价。在理论上，上述两个文献已经证明了这两种拍卖机制既保留了经典VCG机制的优秀性质，同时也降低了拍卖成本。所谓拍卖成本降低，即指在拍卖过程中用户只需多次向管理者申报自己最喜欢的停车许可证名称即可，并非对所有停车许可证都要给出评价额度，因此大幅度简化了停车许可证的交易过程。

此外，为了防止虚假名义申报[170]、围标[171]等用户投机行为的出现，同时也为了进一步简化拍卖手续，降低拍卖成本。在网络拍卖已经广泛被民众接受的今天，管理者可考虑在上述两类拍卖机制之上添加代理系统[Semi-autonomous Proxy Bidding Agent，详见Parks和Ungar[172]]，形成升价拍卖代理系统(Ascending Proxy Agent System)与降价拍卖代理系统(Descending Proxy Agent System)。添加此代理系统并不会影响原有升价和降价拍卖机制的优秀性质，即依然可以获得停车许可证的最优分配和定价。从交易成本的角度分析，仅是由“多次申报部分类型停车许可证的名称”更换为“一次申报部分类型停车许可证的评价额度”，所以交易成本几乎没有变化。此处提出的升价/降价拍卖代理系统也是3.4节中所述调优法的重要组成部分。结合调优法的内容，升价/降价拍卖代理系统将会在3.4.5节中被更加详细地描述，因此在本节就不进行重复性地描述了。

现提前将升价/降价拍卖代理系统具有的优势总结如下：①与传统的升价/降价拍卖机制相比，用户仅需对代理系统输入一次自己对部分停车设施与时间模式的评价额度即可，大幅度地降低了用户的操作烦琐性。②算法可在有限迭代计算后收敛于停车许可证的最优分配方式与最小竞争均衡价格，此价格具有防止策略性操作的重要性质，可激励用户进行真实申报。③可避免某些用户的投机行为：如在拍卖末期（迭代计算即将收敛时）才开始进行评价额度的申报，或以虚假名义申报和围标等。

在现实中，停车供需关系虽然具有一定的规律性，但随机性依旧比较强。因此，根据升价/降价拍卖代理系统的计算特点，本书构建了上述自适应拍卖系统1（图3-1）。当用户的评价额度输入至系统内部，升价和降价拍卖代理系统会同时进行计算，当升价（降价）拍卖代理系统的运行进程时间较短时，则系统自动结束降价（升价）拍卖代理系统的运行进程。例如：在工作日高峰时段，停车需求往往大于停车供给，为了能够竞争到停车泊位，用户的评价额度一般较高，其最优定价也更加接近于用户评价额度的下限值。在此场景下，降价拍卖代理系统的计算时间一般更短。若在停车需求小于停车供给的时段，根据式（2-5）可知，停车许可证的最优定价一般较低，甚至为零。在此情况下，升价拍卖代理系统的计算效率一般更高。因此，此自适应拍卖系统1可以保证在最短的时间内得到停车许可证的最优分配、定价结果。此处需要注意的是，自适应拍卖系统1仅适用于基础模型。

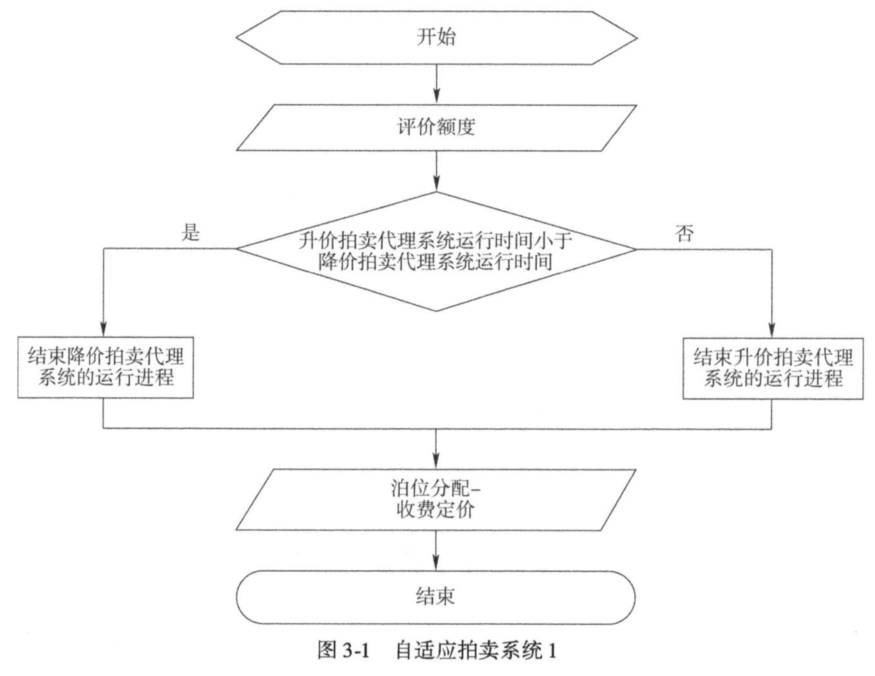

图3-1 自适应拍卖系统1

3.4 调优法

3.4.1 概况

根据 Wada 和 Akamatsu[173-175]的研究成果，针对扩展模型 A 的停车许可证最优分配问题[SO－A]可考虑利用基于 Benders 分解原理[176]的调优法对此问题进行精确求解（图3-2）。在此方法的步骤 j 中，在预先求解到的（或设定的）主问题的变量1的数值基础上求解子问题的变量2，而后利用变量2的数值求解步骤 $j+1$ 中主问题的变量1。在经过有限次数的上述迭代计算之后，即可同时求解到变量 1 与变量 2 的最优解［证明见 Benders（1962[176]）］。

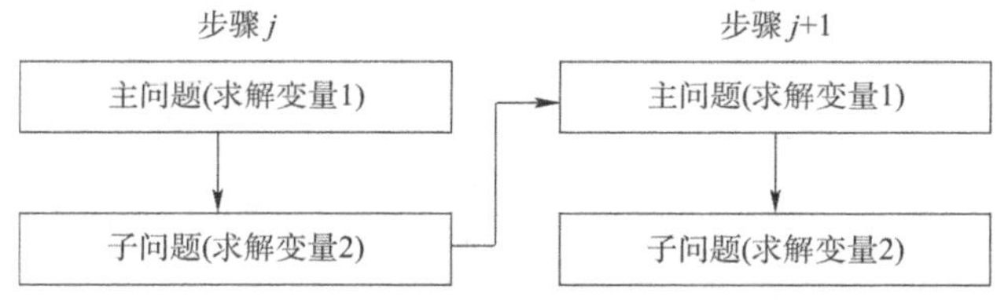

图 3-2 普通调优法的设计思路

但从上述普通调优法的计算流程可知，需要停车许可证最优分配问题［SO－A］同时拥有 2 个变量才可以。因此，首先需要对问题［SO－A］进行等价变形，引入新变量（见 3.4.2 节）。其次，构建的主问题、子问题、详细解法及其性质等见 3.4.2～3.4.7 节。

3.4.2 最优分配问题的等价变形

要利用调优法进行求解，首先需要对停车许可证最优分配问题［SO－A］进行如下等价变形，引入非独立变量“时间容量”$\boldsymbol{\mu} \equiv (\mu_{i,r})_{\forall i,r}$构造新问题［SO－AR］。

$$F_{\text{SO-AR}} \equiv \max_{y,\mu} \sum_{r \in R} \sum_{i \in I} \sum_{a \in A} v_{i,r}^{a} y_{i,r}^{a} \tag{3-1}$$

s. t. 式(2-8)、式(2-10)

$$\sum_{a \in A} y_{i,r}^{a} \leqslant \mu_{i,r} \qquad \forall i \in I, \forall r \in R \tag{3-2}$$

$$\sum_{r \in R} \mu_{i,r} \delta_{t,r} = c_{i,t} \qquad \forall i \in I, \forall t \in T \tag{3-3}$$

$$\mu_{i,r} \geqslant 0 \qquad \forall i \in I, \forall r \in R \tag{3-4}$$

$$\mu_{i,r} \text{ 为整数} \qquad \forall i \in I, \forall r \in R \tag{3-5}$$

式中，$\mu_{i,r}$表示停车设施❶ i 停车时间模式 r 的时间容量，此变量并非独立变量，其受到停车设施 i 单位停车时间 t 的泊位容量 $c_{i,t}$的制约。式(3-1)为增加以时间容量为变量的社会福利最大化目标函数，但与问题［SO－A］不同的是，它需要对两个变量进行同时求解。在制约条件中：式(3-2)为表示对每个停车设施 i 停车时间模式 r 分配的停车许可证数量不允许超过相应的时间容量 $\mu_{i,r}$；式(3-3)表示停车设施 i 所有停车时间模式 r 的时间容量 $\mu_{i,r}$之和应与其包含的停车设施 i 单位停车时间 t 的泊位容量 $c_{i,t}$相等；式(3-4)为时间容量的非负条件；式(3-5)为时间容量的整数条件。

通过上述变形即可使得问题［SO－AR］中存在两个变量，即非独立变量时间容量 $\boldsymbol{\mu}$ 与独立变量分配方式 $\boldsymbol{y} \equiv (y_{i,r}^{a})_{\forall a,i,r}$。根据图 3-2 所示的普通调优法计算流程，求解时间容量 $\boldsymbol{\mu}$ 的问题被称为主问题，时间容量 $\boldsymbol{\mu}$ 即为变量 1；求解停车许可证的最优分配方式与定价的问题称为子问题，分配方式 $\boldsymbol{y}$、收费定价 $\boldsymbol{p} \equiv (p_{i,r})_{\forall i,r}$与均衡效用 $\boldsymbol{\rho} \equiv (\rho^{a})_{\forall a}$即为变量 2。因此，根据调优法，问题［SO－AR］即可拆分为以下两个部分：主问题（时间容量调整问题［SO－

❶ 在针对公共停车泊位的研究中，i 即为停车设施。若在以共享停车泊位为对象的研究中 i 则为住宅小区或其他种类地块。

ARU])与子问题(停车许可证分配、定价问题[SO－ARL]):

$$F_{\text{SO-ARU}} \equiv \max_{\boldsymbol{\mu}} \sum_{r\in R}\sum_{i\in I}\sum_{a\in A} v_{i,r}^{a} y_{i,r}^{a}(\boldsymbol{\mu}) \tag{3-6}$$

s. t. 式(3-3)～式(3-5)

$$F_{\text{SO-ARL}} \equiv \max_{y(\boldsymbol{\mu})} \sum_{r\in R}\sum_{i\in I}\sum_{a\in A} v_{i,r}^{a} y_{i,r}^{a} \tag{3-7}$$

s. t. 式(2-8)、式(2-10)、式(2-12)

式中,$F_{\text{SO-ARU}}$和$F_{\text{SO-ARL}}$分别为主问题[SO－ARU]与子问题[SO－ARL]的目标函数值。由于主问题[SO－ARU]中的变量$\boldsymbol{\mu}$与目标函数之间的关系不明朗,因此不能直接求解,故进行如下等价变换。首先列出子问题[SO－ARL]的对偶问题(下文详述),而后利用对偶原理将主问题[SO－ARU]变换为如下形式:

$$F_{\text{SO-ARU}} \equiv \max_{\boldsymbol{\mu}}[\min_{\boldsymbol{p},\boldsymbol{\rho}} \sum_{r\in R}\sum_{i\in I} \mu_{i,r} p_{i,r} + \sum_{a\in A} \rho^{a}] \tag{3-8}$$

s. t. 式(3-3)～式(3-5)

$$\rho^{a} \geqslant v_{i,r}^{a} - p_{i,r} \qquad \forall a \in A, \forall i \in I, \forall r \in R \tag{3-9}$$

$$p_{i,r} \geqslant 0, \rho^{a} \geqslant 0 \qquad \forall a \in A, \forall i \in I, \forall r \in R \tag{3-10}$$

在此,若将一个由制约条件式(3-9)、式(3-10)组成的凸可行域的顶点集合$\boldsymbol{X} \equiv \{(\boldsymbol{p}(1),\boldsymbol{\rho}(1)),\cdots,(\boldsymbol{p}(j),\boldsymbol{\rho}(j)),\cdots,(\boldsymbol{p}(J),\boldsymbol{\rho}(J))\}$引入主函数[SO－ARU],则式(3-8)可变为如下形式:

$$F_{\text{SO-ARU}} \equiv \max_{\boldsymbol{\mu}}[\min_{\boldsymbol{p}(j),\boldsymbol{\rho}(j)\in X} \sum_{r\in R}\sum_{i\in I} \mu_{i,r} p_{i,r}(j) + \sum_{a\in A} \rho^{a}(j)] \tag{3-11}$$

s. t. 式(3-3)～式(3-5)

由此可知,若管理者可提前预知顶点集合$\boldsymbol{X}$中的所有元素,则通过最坏算法时间复杂度为多项式的原始－对偶内点法[167](分析详见3.6节)即可对问题[SO－ARU]进行直接求解,因此称其为“直接法”。但在现实中,当问题规模比较大时,由于顶点集合$\boldsymbol{X}$中的元素很多,在规定时间内无法穷举,因此需要采用逐次生成其子集$\boldsymbol{X}' \equiv \{(\boldsymbol{p}(1),\boldsymbol{\rho}(1)),\cdots,(\boldsymbol{p}(j),\boldsymbol{\rho}(j))\} \in \boldsymbol{X}$的方法(即调优法)进行求解,直至找到最优解,在此称其为“迭代法”。由于直接法内容简单易懂,因此若无特殊说明,本书中所述的调优法均为迭代法。

3.4.3 最优收费定价模型

根据Leonard机制[160],若最优分配问题满足某些特定条件,如多件待拍卖物品,每个消费者最多只允许获得一件拍卖物品等,则竞争均衡价格即可通过求解最优分配问题的对偶问题获得。其中,在调优法的步骤j中,在固定时间容量$\boldsymbol{\mu}(j)$下的停车许可证最优分配问题[SO－ARL]的对偶问题即为式(3-11)中括号内的部分:

$$F_{\text{SO-ARLD}}(j) \equiv \min_{\boldsymbol{p}(j),\boldsymbol{\rho}(j)} \sum_{r\in R}\sum_{i\in I} \mu_{i,r}(j) p_{i,r}(j) + \sum_{a\in A} \rho^{a}(j) \tag{3-12}$$

s. t. 式(3-9)、式(3-10)

式中,$F_{\text{SO-ARLD}}$为子问题[SO－ARL]的对偶问题[SO－ARLD]的目标函数值。通过求解对偶问题[SO－ARLD]所得到的价格称为竞争均衡价格,但此价格并不具有防止策略性操作的重要性质，不能有效地防止用户对自己的选择偏好 $v_{i,r}^{a}$ 进行虚假申报。因此，竞争均衡价格并非停车许可证的最优定价。鉴于此，进一步定义问题[SO－ARLDM]以求解具有上述重要性质的最小竞争均衡价格，如下所示：

$$F_{\text{SO-ARLDM}}(j) \equiv \min_{\boldsymbol{p}(j),\boldsymbol{\rho}(j)} \sum_{r\in R}\sum_{i\in I}\mu_{i,r}(j)p_{i,r}(j) \tag{3-13}$$

s. t.　　式(3-9)、式(3-10)

$$\sum_{r\in R}\sum_{i\in I}\mu_{i,r}(j)p_{i,r}(j) + \sum_{a\in A}\rho^{a}(j) = F_{\text{SO-AR}}(j) \tag{3-14}$$

式(3-13)为目标函数；式(3-14)表示社会福利是停车收费和用户效用之和。同时，将式(3-13)与式(3-14)结合在一起可知，问题[SO－ARLDM]表达的意义是在社会福利最大化条件下的停车收费最小化[式(3-14)等号左侧第一项与式(3-13)等价，表示停车收费]与用户效用最大化[式(3-14)等号左侧第二项为用户效用]。式(3-13)中定义的停车费用即停车许可证制度引入之前的由于停车巡航所产生的经济损失(例如：停车巡航产生的额外时间损失、尾气排放的增加量等)。因此，问题[SO－ARLDM]的另一种解释为停车许可证制度引入之前，由于停车巡航所产生的经济损失最小化。

由此可见，在调优法的每个步骤 j 中，即使停车许可证的分配方式 $\boldsymbol{y}(j)$ 并非最优(非最优时间容量条件 $\boldsymbol{\mu}(j)$ 下的停车许可证分配方式也并非最优)，通过求解问题[SO－ARLDM]得到的定价 $\boldsymbol{p}(j)$ 依然具有防止策略性操作的重要性质。因此，相较 VCG 机制和 Leonard 机制，调优法将更加容易得到应用和推广。

3.4.4 固定时间容量下的均衡状态

虽然 3.4.2～3.4.3 节阐述了在固定时间容量下的停车许可证最优分配与定价的实现方式，但对于其均衡状态及性质仍不明了。因此，本节在固定时间容量下，从用户对各类停车许可证的选择及各类停车许可证的供需关系两个方面描述均衡状态，并对其性质进行分析。

均衡状态的定义为(在固定时间容量的条件下)每个用户没有能力通过单方面的改变选择来达到提高自身效用的目的，此定义可由式(3-15)与式(3-16)进行描述。其中，式(3-15)为用户关于效用的均衡条件：

$$\begin{cases} v_{i,r}^{a}(j) - p_{i,r}(j) = \rho^{a}(j) & y_{i,r}^{a}(j) = 1 \\ v_{i,r}^{a}(j) - p_{i,r}(j) \leqslant \rho^{a}(j) & y_{i,r}^{a}(j) = 0 \end{cases} \quad \forall a \in A, \forall i \in I, \forall i \in R \tag{3-15}$$

即被某停车设施 i、停车时间模式 r 的停车许可证分配到的用户 a 所得到的效用 $u_{i,r}^{a}(j)$ 与其均衡效用 $\rho^{a}(j)$ 一致，大于此用户从其他任一停车许可证得到的效用。反之，则表示用户从此停车许可证得到的效用 $u_{i,r}^{a}(j)$ 小于均衡效用 $\rho^{a}(j)$。

式(3-16)为各停车许可证供需关系的均衡条件：

$$\begin{cases} \sum_{a\in A} y_{i,r}^{a}(j) = \mu_{i,r}(j) & p_{i,r}(j) \geqslant 0 \\ \sum_{a\in A} y_{i,r}^{a}(j) \leqslant \mu_{i,r}(j) & p_{i,r}(j) = 0 \end{cases} \quad \forall i \in I, \forall r \in R \tag{3-16}$$

即当某停车设施 i、停车时间模式 r 的停车许可证价格 $p_{i,r}(j)$ 大于 0 时,则代表用户对此停车许可证的需求量大于供给量。若等于 0,则说明用户对此停车许可证的需求量小于供给量,此时,用户不用为在此停车设施和时间段停车支付任何费用。

此外,停车许可证价格 $p_{i,r}(j)$ 与均衡效用 $\rho^{a}(j)$ 还应满足式(3-10)所示的非负条件。利用式(3-10)、式(3-15)、式(3-16)所构建的求解用户均衡状态的等价最优化问题与固定时间容量下的停车许可证最优分配问题[SO - ARL]是一致的。因此,可知在固定时间容量条件下,用户均衡状态与停车许可证最优分配状态是一致的。其中 $\boldsymbol{p}$ 以及 $\boldsymbol{\rho}$ 均为拉格朗日乘子,分别表示用户达到均衡状态时的各停车许可证的价格与每个用户的均衡效用。

3.4.5 改良型升价拍卖代理系统的构建

为精确求解 3.4.2 节、3.4.3 节所述的在固定时间容量条件下的停车许可证最优分配、定价问题,且激励用户对自己的评价额度进行真实申报,研究采用 3.3 节所述的升价拍卖代理系统,并在寻找最小需求超过集合方面引入新的方法以提高计算效率,即将 3.3 节所述的升价拍卖代理系统进行了一定程度的改良。此后,下文称之为"改良型升价拍卖代理系统"。在改良型升价拍卖代理系统中,用户依然只需对代理系统申报自己对希望得到的停车设施与停车时间模式的评价额度即可。此做法依然可消除用户的虚伪申报动机,而且算法收敛后所得到的各停车许可证的价格即为最优收费定价(最小竞争均衡价格),而实现的社会福利也为最大值。

寻找最小需求超过集合(Minimal Overdemanded Set)是传统升价拍卖机制(Demange 等[168])的关键步骤,在传统升价拍卖机制中每一个阶段(Round),它一定存在但不一定唯一[177]。同时,此步骤的最坏时间复杂度被证明是指数[178]。为此,Sankara[178] 提出利用标号法(Labeling Method,见 Ford 和 Fulkerson[179])寻找应升价的物品集合,并证明此方法不仅不影响传统升价拍卖代理系统的良好性质,还可使得传统升价拍卖代理系统的最坏时间复杂度下降为多项式。

综合上述诸多研究成果,将改良型升价拍卖代理系统的工作流程(算法 1)总结如下:

(1)步骤 0:在某一时间容量 $\boldsymbol{\mu}(j,k)$ 下,管理者设定停车许可证价格 $\boldsymbol{p}(j,k)=\mathbf{0}$,用户对代理系统申报自己对希望得到的停车许可证的评价额度,阶段(Round)$k=0$。

(2)步骤 1:根据当前各停车许可证的价格 $\boldsymbol{p}(j,k)$,代理系统根据用户效用最大化的原则选择停车许可证,并将此选择集合 $D^{a}(\boldsymbol{p}(j,k))$ 告知管理者。

(3)步骤 2:管理者采用标号法求解问题[SO - ARLA][式(3-17)~式(3-20),此处第二个"A"的含义为 Auction]并分析解的情况。若最优解存在(即每位获得停车许可证的用户仅持有一张停车许可证),则进入步骤 4。若不存在,则进入步骤 3。

(4)步骤 3:管理者给所有已经被标号的停车许可证(集合 M')提升一个单位的收费价格(例如:1 元),即 $p_{i,r}(j,k)=p_{i,r}(j,k)+1,\ \forall(i,r)\in M'$,返回步骤 1,阶段 $k=k+1$。

(5)步骤 4:管理者将用户的选择作为最优停车许可证的分配方式,同时得到的各停车许可证的价格即为其最优定价(最小竞争均衡价格)。

$$F_{\text{SO-ARLA}}(j)\equiv\max_{\boldsymbol{y}(j)}\sum_{a\in A}\sum_{(i,r)\in D^{a}(\boldsymbol{p}(j,k))}y_{i,r}^{a}(j) \tag{3-17}$$

s. t.

$$\sum_{a \in A} y_{i,r}^{a}(j) \leqslant \mu_{z}(j) \qquad \forall (i,r) \in D^{a}(\boldsymbol{p}(j,k)) \tag{3-18}$$

$$\sum_{(i,r) \in D^{a}(\boldsymbol{p}(j,k))} y_{i,r}^{a}(j) \leqslant 1 \qquad \forall a \in A \tag{3-19}$$

$$y_{i,r}^{a}(j) \geqslant 0 \qquad \forall a \in A, \forall (i,r) \in D^{a}(\boldsymbol{p}(j,k)) \tag{3-20}$$

此处，$F_{\mathrm{SO-ARLA}}(j)$为问题[SO－ARLA]在步骤j的目标函数值。问题[SO－ARLA]可看作是网络最大流问题(Network Max-flow Problem)，故可采用最坏算法时间复杂度为多项式算法的标号法进行求解。

3.4.6 时间容量调整

本节对主问题与时间容量$\boldsymbol{\mu}$(即变量1)的求解方法进行论述。首先，通过求解步骤j的问题[SO－ARLDM]可得到$\boldsymbol{\mu}(j)$下的最优定价$\boldsymbol{p}^{*}(j)$及均衡效用$\boldsymbol{\rho}^{*}(j)$。根据调优法，在步骤$j+1$中，利用上述信息求解下述主问题[SO－ARU]即可得到新的时间容量$\boldsymbol{\mu}(j+1)$。

$$F_{\mathrm{SO-ARU}}(j+1) \equiv \max_{\boldsymbol{\mu}(j+1)} \Big[\min_{\boldsymbol{p}(j),\boldsymbol{\rho}(j) \in X'} \sum_{r \in R} \sum_{i \in I} \mu_{i,r}(j+1) p_{i,r}(j) + \sum_{a \in A} \rho^{a}(j) \Big] \tag{3-21}$$

s. t.

式(3-3)～式(3-5)

式中，$F_{\mathrm{SO-ARU}}(j+1)$为问题[SO－ARU]在步骤$j+1$的目标函数值。同时，为了能够实现更加效率的计算，将问题[SO－ARU]进行如下等价变换：

$$F_{\mathrm{SO-ARU}}(j+1) \equiv \max_{\boldsymbol{\mu}(j+1)} \Phi(j+1) \tag{3-22}$$

s. t.

式(3-3)～式(3-5)

$$\Phi(j+1) \leqslant \sum_{r \in R} \sum_{i \in I} \mu_{i,r}(j+1) p_{i,r}(j) + \sum_{a \in A} \rho^{a}(j) \qquad \forall (\boldsymbol{p}(j),\boldsymbol{\rho}(j)) \in X' \tag{3-23}$$

综上所述，图3-3总结提炼了本书提出的调优法的具体计算流程。其中，虚线表示从步骤1到步骤j和从步骤$j+1$到步骤J经历的多个过程，实线仅表示从步骤j到步骤$j+1$的一个过程。首先，在各停车设施的每个单位时间段t的容量$\boldsymbol{c}$的制约条件下设定任意初始时间容量$\boldsymbol{\mu}(1)$；其次，通过改良型升价拍卖代理系统得到$\boldsymbol{p}(1)$与$\boldsymbol{\rho}(1)$；再次，将$\boldsymbol{p}(1)$与$\boldsymbol{\rho}(1)$添加到集合$\boldsymbol{X}'$中，通过求解主问题[SO－ARU][式(3-21)，或其等价变化形式，即式(3-22)、式(3-23)]得到$\boldsymbol{\mu}(2)$；最后，再进行步骤$j=2$的迭代计算，直到主问题[SO－ARU]的目标函数值与子问题[SO－ARLDM](或改良型升价拍卖代理系统)的目标函数值一致，算法收敛。根据Lasdon[180]和Tone[181]的证明可知：调优法会在有限步骤之内收敛，最坏情况莫过于将顶点集合$\boldsymbol{X}$中的点全部列举之后求解得到最优解。

主问题[SO－ARU]为整数规划问题，当问题规模较大时其精确求解将变得十分困难。为此，McDaniel和Devine[182]提出了直接求解主问题[SO－ARU]的线性松弛问题[即去掉式(3-11)的整数限制]，而后将非整数结果进行四舍五入的构想，且此构想已经在诸多领域得到了成功应用(见Cordeau等[183])。此外，本书并没有对用户评价额度的统计分布规律进行任何形式的假设，这意味着本书构建的机制具有较强的鲁棒性，可以保证在任何用户评价额度(系统输入)的条件下实现停车许可证的最优分配与收费定价(系统输出)。

由 3.4.2 节分析可知，若管理者可以提前知道所有顶点，则可以通过原始-对偶内点法[167]直接求解规划问题[SO-ARU]，此方法为直接法，而图 3-3 所示的方法为迭代法。由于理论上两种方法均可以精确求解得到停车许可证的最优分配、定价结果，因此本书构建了上述自适应拍卖系统 2。当用户的评价额度输入至系统内部，直接法和迭代法同时进行计算，当直接法（迭代法）的运行进程时间较短时，则系统自动结束迭代法（直接法）的运行进程。综上所述，此系统可以保证在最短的时间内得到停车许可证的最优分配、定价结果（图 3-4）。

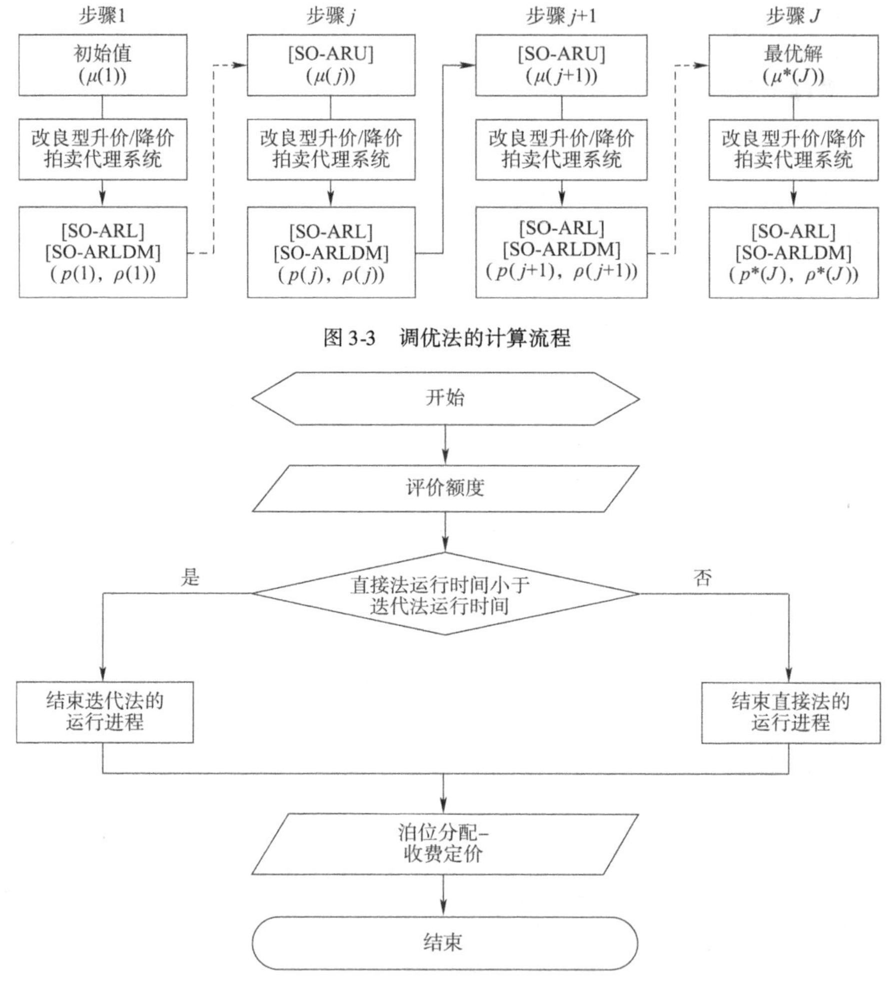

图 3-3　调优法的计算流程

图 3-4　自适应拍卖系统 2 的计算流程

3.5　计算效率分析：改良型升价拍卖代理系统

在现实世界中，用户一定要在出行前得到停车许可证的分配、定价结果。因此，理论上需要比较新型拍卖机制与传统机制的最坏时间复杂度以保证用户在一定时间内可以得到停车许可证最终的分配、定价结果。在 3.5 节中，下角标"V""L""M"分别表示 VCG 机制、

Leonard 机制和改良型升价拍卖代理系统。

3.5.1 利用传统机制求解停车许可证最优分配问题

无论是 VCG 机制还是 Leonard 机制，管理者都首先要求解得停车许可证的最优分配方案，因为这是最优定价的前提条件。同时，下述分析过程还隐含了一个前提条件：所有用户对管理者已经申报了他们对所有停车许可证的真实评价额度。在基础模型中，停车许可证最优分配问题[SO]的制约条件式(2-8)～式(2-10)左侧系数所组成的矩阵为全幺模矩阵，因此，即使删除整数制约条件式(2-10)后的松弛线性规划问题也同样拥有 0－1 整数解。根据 Monteiro 和 Adler[167]，利用原始-对偶内点法，停车许可证最优分配问题[SO]与最优定价问题[SO－DM]的最优解均可在多项式时间内被求解出。

那么，针对问题[SO]中制约条件所组成的矩阵是否满足全幺模性的分析如下：如果一个整数方阵 $\boldsymbol{Q}$ 的任意一个子方阵行列式为 0 或是 ±1，那么此方阵 $\boldsymbol{Q}$ 就具有全幺模性。如果方阵 $\boldsymbol{Q}$ 是全幺模矩阵，并且 $\boldsymbol{b}$ 中的元素均为整数，则线性规划问题 $\{\min \boldsymbol{ex} \mid \boldsymbol{Qx} \geqslant \boldsymbol{b}, \boldsymbol{x} \geqslant \boldsymbol{0}\}$ 或 $\{\max \boldsymbol{ex} \mid \boldsymbol{Qx} \leqslant \boldsymbol{b}, \boldsymbol{x} \geqslant \boldsymbol{0}\}$ 对于任意矩阵 $\boldsymbol{e}$ 存在整数最优解。根据 Heller 和 Tompkins[184]，以下关于方阵 $\boldsymbol{Q}$ 的四个条件是其满足全幺模性的充分条件：

(1)条件 1：方阵 $\boldsymbol{Q}$ 中的所有元素为 0 或 ±1。

(2)条件 2：方阵 $\boldsymbol{Q}$ 中的每一列最多含有两个非零元素(即 ±1)。

(3)条件 3：如果方阵 $\boldsymbol{Q}$ 一列中的两个非零元素拥有相同的符号，那么一行被放在集合 Q_1 中，另一行被放在集合 Q_2 中。

(4)条件 4：如果方阵 $\boldsymbol{Q}$ 一列中的两个非零元素拥有相反的符号，那么这两行会被同时放在集合 Q_1 或集合 Q_2 中。

若令方阵 $\boldsymbol{Q}$ 为制约条件式(2-8)和式(2-9)的左侧系数矩阵，那么可知方阵 $\boldsymbol{Q}$ 中所有元素均为 0 或 1(满足条件 1)。同时，方阵 $\boldsymbol{Q}$ 的每列中有两个非零元素(满足条件 2)。另外，可以清晰地发现方阵 $\boldsymbol{Q}$ 中所有的行可以分为两个无交集的集合 Q_1 和 Q_2，因为两个非零元素拥有相同的符号。这样，制约条件式(2-8)的所有行都在集合 Q_1，而制约条件式(2-9)的所有行都进入集合 Q_2(满足条件 3)。因此，停车许可证最优分配问题[SO]的制约条件系数矩阵具有全幺模性。

3.5.2 传统机制的最坏算法时间复杂度

根据原始-对偶内点法，求解问题[SO]与[SO－DM]的最坏算法时间复杂度如式(3-24)、式(3-25)所示：

$$\Gamma_V = O(|A|(|A| + |A||I| - 1)^{3.5} H_{V'}) \tag{3-24}$$

$$\Gamma_L = O((|A| + |I| + |A||I|)^{3.5} H_V) \tag{3-25}$$

此处，H_v、$H_{v'}$、B_v、$B_{v'}$ 如下式(3-26)～式(3-29)所示：

$$H_V = \log[1 + B_V] + \log[1 + \max_{a \in A, i \in I}\{v_i^a\}] + \log[1 + \max_{i \in I}\{c_i\}] + \log[(|A| + |I|) + (|A| + |I| + |A||I|)] \tag{3-26}$$

$$H_{V'} = \log[1 + B_{V'}] + \log[1 + \max_{a\in A, i\in I}\{v_i^a\}] + \log[1 + \max_{i\in I}\{c_i\}] + \log[(|A| + |I| - 1) + (|A| + |A||I| - 1)] \tag{3-27}$$

$$B_V = \max_{0\leq d\leq(|A|+|I|)}\{\det(\boldsymbol{Q}_{V(d)})\} \tag{3-28}$$

$$B_{V'} = \max_{0\leq d\leq(|A|+|I|-1)}\{\det(\boldsymbol{Q}_{V'(d)})\} \tag{3-29}$$

3.5.3 改良型升价拍卖代理系统的最坏算法时间复杂度

在改良型升价拍卖代理系统中，最坏情况莫过于所有停车许可证的价格都升高到其最大值。为达到此目标，算法需要的最大循环次数为 $\sum_{i\in I}\max_{a\in A}\{v_i^a\}f_A$。在此情况下，所有被分配到停车许可证的用户的均衡效用均为零。

同时，若令 f_A 为改良型升价拍卖代理系统中每一阶段(Round)中标号法的计算时间(见 Cormen 等[185])，则可得式(3-30)。

$$f_A = |A|(|A| + |A||I| + |I|) \tag{3-30}$$

式中，$|A|$和$|A| + |A||I| + |I|$分别为问题[SO - ARLA](Network Max-flow Problem)中的最大流量与网络总路段数量。

综上所述，改良型升价拍卖代理系统的最坏算法时间复杂度可表示为式(3-31)：

$$\Gamma_M = O(\sum_{i\in I}\max_{a\in A}\{v_i^a\}f_A) \tag{3-31}$$

由上述分析可知，改良型升价拍卖代理系统、VCG 机制和 Leonard 机制的最坏算法时间复杂度均为多项式，但改良型升价拍卖代理系统的最高指数几乎为传统机制的一半。因此，最坏算法时间复杂度的比较排序为：改良型升价拍卖代理系统 < Leonard 机制 < VCG 机制。

3.6 计算效率分析：调优法

由 3.4.2 节分析可知，若管理者可以提前知道由制约条件式(3-9)和式(3-10)组成的凸可行域的顶点集合 $\boldsymbol{X}$，则可以通过原始 - 对偶内点法直接求解规划问题[SO - ARU]进而得到停车许可证的最优分配、定价结果。因此，3.6 节将会从理论上分别分析迭代法(图 3-3)和直接法的最坏算法时间复杂度。在 3.6 节中，下角标“E”和“D”分别表示迭代法和直接法，而上角标“E”则意味着有效。

3.6.1 迭代法

根据 3.4 节分析可知，迭代法分为两个部分，一个部分为时间容量调整部分(Adjustment Side)，另一个部分为停车许可证分配、定价部分(Auction Side)。迭代法计算的最坏结果即可行域顶点集合中所有顶点都被列举之后得到最优解。若令 $\boldsymbol{G}$ 为有效顶点集合($\boldsymbol{p}^E, \boldsymbol{\rho}^E$)，且它不仅满足制约条件式(3-9)、式(3-10)，还满足式(3-3)，那么式(3-32)成立。

$$|\boldsymbol{G}| \leq \prod_{i\in I}(c_i + 1)^{|T|(|T|-1)/2} < |\boldsymbol{\Psi}| = \prod_{i\in I}\prod_{r\in R}(\max_{a\in A}\{v_{i,r}^a\}) \tag{3-32}$$

式中，$\boldsymbol{\Psi}$ 为所有价格和均衡效用集合(顶点上限集合)，同时也是改良型升价拍卖代理

系统计算的理论最大迭代次数。由此可知,只要停车设施数量$|I|$和停车单位时间段数量$|T|$确定了,有效顶点数量$|\boldsymbol{G}|$和有效顶点数量上限就确定了。

下面对有效顶点数量$|\boldsymbol{G}|$及其上限进行分析。可行域顶点为$(\boldsymbol{p}^E,\boldsymbol{\rho}^E)$和时间容量$\boldsymbol{\mu}$。另外,时间容量$\boldsymbol{\mu}$必须要满足式(3-3)。令$\boldsymbol{G}_i$为停车设施$i$对应的所有有效顶点,即$(\boldsymbol{p}_i^E,\boldsymbol{\rho}_i^E)$。那么所有停车设施的有效顶点数量为$|\boldsymbol{G}| = \prod_{i\in I}|\boldsymbol{G}_i|$,因为所有停车设施都是独立的。对于一个停车设施,根据式(3-3),可知有$|R|$个未知数和$|T|$个公式。此处,未知数数量$|R|$与公式数量$|T|$的换算关系如下:$|R| = |T|(|T|+1)/2$。由此可知,公式数量不大于未知数数量,下述式(3-33)成立。

$$\begin{bmatrix} \delta_{1,1} & \delta_{1,2} & \cdots & \delta_{1,r} & \cdots & \delta_{1,|R|} \\ \delta_{2,1} & \delta_{2,2} & \cdots & \delta_{2,r} & \cdots & \delta_{2,|R|} \\ \vdots & \vdots & & \vdots & & \vdots \\ \delta_{t,1} & \delta_{t,2} & \cdots & \delta_{t,r} & \cdots & \delta_{t,|R|} \\ \vdots & \vdots & & \vdots & & \vdots \\ \delta_{|T|,1} & \delta_{|T|,2} & \cdots & \delta_{|T|,r} & \cdots & \delta_{|T|,|R|} \end{bmatrix} \begin{bmatrix} \mu_{i,1} \\ \mu_{i,2} \\ \vdots \\ \mu_{i,r} \\ \vdots \\ \mu_{i,|R|} \end{bmatrix} = \begin{bmatrix} c_i \\ c_i \\ \vdots \\ c_i \\ \vdots \\ c_i \end{bmatrix} \tag{3-33}$$

根据式(3-33)可知,$|T|$和$|R|$分别为系数矩阵$\boldsymbol{\delta}$的行数和列数。当$|T|>1$和$|R|>|T|$都满足时,同质线性方程组式(3-33)存在一个基础解系,并且基础解系包含向量的数量为$|R|-|T|$,即解空间的维度。另一方面,所有基础解中的元素都是非负整数,那么如果所有停车时间模式r在单位停车时间段t上都是独立没有重叠的[1],则对于这些元素的值就有c_i+1种可能性,则同质线性方程组式(3-33)的解的数量就应该为$(c_i+1)^{|R|-|T|}$。但这是一种理论上的极端情况,现实中,停车时间模式之间一般会在单位停车时间段t上存在重叠,因此,$(c_i+1)^{|R|-|T|}$可以看作是停车设施i的有效顶点数量的上限,数学表达如下:

$$|\boldsymbol{G}_i| \leqslant (c_i+1)^{|R|-|T|} \tag{3-34}$$

当$|T|=1$,停车时间模式r在单位停车时间段t上没有重叠。可知$|\boldsymbol{G}_i| = c_i+1$,那么式(3-34) 依然成立。进一步,将式(3-34)带入式(3-33),发现有效顶点数量上限满足下式

$$|\boldsymbol{G}| \leqslant \prod_{i\in I'} (c_i+1)^{|T|(|T|-1)/2} \tag{3-35}$$

即式(3-32)左侧的第一项和第二项。

通过上述分析可知,$\boldsymbol{G}\subseteq\boldsymbol{\Psi}$的主要原因有如下两点:①并非所有的顶点都满足制约条件式(3-3)。在此情况下,即使最小竞争均衡价格和均衡效用属于$\boldsymbol{\Psi}$,但在用户均衡原则下,某些用户的停车需求可能会发生溢出,超过停车设施容量。相反,若制约条件式(3-3)产生作用,则需求溢出现象不会在时间容量调整的时候产生。②在实际问题的凸可行域中,并非所有的价格和均衡效用都是顶点。

在最坏情况下,根据式(3-30)、式(3-31),迭代法在停车许可证分配、定价部分的最坏时间复杂度为:

---

[1] 例如:以30min为单位停车时间段,则停车时间模式8:00—9:00和9:00—10:00在单位停车时间段上就没有重叠。相反,停车时间模式8:00—9:00和8:30—10:00在单位停车时间段上就有重叠,重叠部分为8:30—9:00。

$$\Gamma_{E-1} = O(|\boldsymbol{G}|\sum_{i\in I}\sum_{r\in R}\max_{a\in A}\{v_i^a\}f_B) \tag{3-36}$$

$$f_B = |A|(|A| + |A||I||R| + |I||R|) \tag{3-37}$$

迭代法在时间容量调整阶段的计算花费时间主要取决于制约条件的数量。如式(3-22)、式(3-23)所示，在步骤 g，制约条件的数量为 $|I||T|+g$。因此，最坏情况应为：

$$\Gamma_{E-2} = O(\sum_{g\in G}(|I||R|+g+1)^{3.5}H_E(g)) \tag{3-38}$$

此处

$$H_E(g) = \log[1+B_E(g)] + \log[2] + \log[1+b] + \log[(|I||T|+g)+(|I||R|+g+1)] \tag{3-39}$$

$$B_E(g) = \max_{0\leq d\leq(|I||T|+g)}\{\det(\boldsymbol{Q}_{E(g,d)})\} \tag{3-40}$$

$$b = \max\{\sum_{a\in A}\max_{i\in I,r\in R}\{v_{i,r}^a\},\max_{i\in I}\{c_i\}\} \tag{3-41}$$

由于这两部分的最高次数项一致，因此迭代法的最坏算法时间复杂度应为两个部分的代数和：

$$\Gamma_E = O(|\boldsymbol{G}|\sum_{i\in I}\sum_{r\in R}\max_{a\in A}\{v_i^a\}f_B + \sum_{g\in G}(|I||R|+g+1)^{3.5}H_E(g)) \tag{3-42}$$

式中，$|\boldsymbol{G}|$为调优法的最大循环次数，即凸可行域的有效顶点数量。理论上可求得其上限为 $2^{|I||T|(|T|-1)/2}$，明显小于传统算法的 $2^{|A||I||T|(|T|+1)/2}$。综上所述，相较传统的分支定界法，调优法可大幅度地提高计算效率，可扩大其适用于实际问题的规模。

3.6.2 直接法

由 3.4.2 节分析可知，若管理者可以提前知道所有有效顶点，则可以通过原始 - 对偶内点法直接求解规划问题[SO - ARU]。此处需要注意的是，使用原始 - 对偶内点法要优于冒泡法。在冒泡法中计算效率最高的 Heapsort 的最坏算法时间复杂度为指数，即 $|\boldsymbol{G}|\log_2|\boldsymbol{G}|$。

直接法也需要经过两个步骤才能完成计算，第一部分为列举所有有效顶点，第二部分为计算最优时间容量和最优停车许可证分配、定价结果。在第一部分中，最坏算法时间复杂度 Γ_{D-1}如下所示：

$$\Gamma_{D-1} = O(|\boldsymbol{G}|\sum_{i\in I}\sum_{r\in R}\max_{a\in A}\{v_i^a\}f_B) \tag{3-43}$$

在第二部分中，最坏算法时间复杂度 Γ_{D-2}如下所示：

$$\Gamma_{D-2} = O((|I||R|+g+1)^{3.5}H_D) \tag{3-44}$$

$$H_D = \log[1+B_D] + \log[2] + \log[1+b] + \log[(|I||T|+|G|)+(|I||R|+|G|+1)] \tag{3-45}$$

$$B_D = \max_{0\leq d\leq(|I||T|+|G|)}\{\det(\boldsymbol{Q}_{D(G,d)})\} \tag{3-46}$$

综上所述，直接法的最坏时间复杂度为两个计算部分中较大的：

$$\Gamma_D = O(\max\{|G|\sum_{i\in I}\sum_{r\in R}\max_{a\in A}\{v_i^a\}f_B, \sum_{g\in G}(|I||R|+|\boldsymbol{G}|+1)^{3.5}H_D\}) \tag{3-47}$$

由上述分析可知，在扩展模型 A 的场景中，最坏算法时间复杂度的比较排序为：迭代法 = 直接法 < Leonard 机制 = VCG 机制。同时，此结论也适用于扩展模型 B 的场景。

3.7 案例分析

3.7.1 数值设定

本节需要对提出的新型拍卖机制——改良型升价拍卖代理系统与调优法的收敛性、计算效率和鲁棒性进行数值验证。同时，与传统拍卖机制——VCG 机制、Leonard 机制的计算效率进行对比分析。在进行数值分析前，需要对参数进行数值设定，具体如表 3-2、表 3-3 所示。对于改良型升价拍卖代理系统和调优法，试验均设定了三种规模的场景，名称分别为场景 1 ~ 场景 3(应用改良型升价拍卖代理系统)、场景 1' ~ 场景 3'(应用调优法)。此处需要注意的是，由于受到现有计算机硬件水平的限制，特别是受随机存取存储器(RAM)容量大小的影响，场景 3 和场景 3' 已经是最大规模。用户数量为停车泊位总数量的 120%，也就是有近 20% 的用户没有购买到停车许可证，为了出行他们只能使用公共交通工具，而这并不属于本书的范畴。

为分析改良型升价拍卖代理系统计算效率的数值设定　　表 3-2

参　数	数值(场景 1/场景 2/场景 3)
用户数量	60/1200/1200
停车设施数量	5/500/1000
停车泊位数量	50/1000/1000
单位停车价格	1/1/1

为分析调优法计算效率的数值设定　　表 3-3

参　数	数值(场景 1'/场景 2'/场景 3')
用户数量	60/60/480
停车设施数量	5/5/100
停车泊位数量	50/50/400
停车时间段数量	2/3/2
停车时间模式数量	3/6/3
单位停车费用	1/1/1

用户对停车设施的评价额度为他/她的最大意愿支付额度减去他/她从停车设施步行到他/她的目的地的成本。针对一个停车设施，所有用户的最大意愿支付额度为 50 ~ 80 元的随机整数；针对一个停车时间段，所有用户的最大意愿支付额度为 15 ~ 30 元的随机整数。对于每位用户，最理想(最想得到)的停车设施 i_a^* 的步行距离为 0km，则此用户步行至其他停车设施 i 的成本可由 $\beta|i-i_a^*|$ 计算得出，此处 $\beta=5$ 元/km。

以下所有数值计算使用的软件均为 Matlab 2017a，计算机硬件环境为 Intel(R) Xeon(R) E5 −2620 2.00GHz CPU，RAM 为 32GB，计算误差为 Matlab 设定的默认值 10^{-5}。

3.7.2 结果分析

本节首先展示改良型升价拍卖代理系统的收敛过程，图 3-5 横轴为算法 1 中的阶段(Round)，纵轴为停车许可证价格。由试验结果可知：①不同停车设施的最优定价是由停车供需关系确定的，通常是不同的。②在每一个阶段，通过标号法的计算，一些“被标记记号”的停车许可证(即最小需求超过集合中的停车许可证)的价格会增加一个单位。③停车许可证价格在有限步内收敛到最优值，即与 VCG 机制和 Leonard 机制的解一致。④所有停车许可证的最优定价都相当高，非常接近用户评价额度的下限，这是因为过多的用户在争夺有限停车资源(根据 3.7.1 节所示的数值设定，用户数量为停车泊位数量的 120%)。

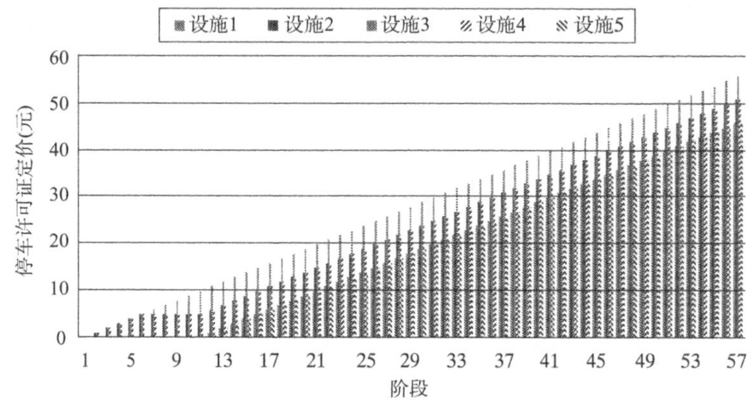

图 3-5 改良型升价拍卖代理系统的计算过程

接下来，需要确认改良型升价拍卖代理系统在不同规模停车设施和用户数量下的计算效率。为此，本书进行了 100 个样本的蒙特卡罗试验来比较各类机制的计算时间，试验结果如表 3-4 所示。试验结果表明：在一般情况下，①改良型升价拍卖代理系统在所有试验规模中都比传统机制的计算效率更高。②随着停车设施数量的增加，传统机制的计算时间增长速度快于改良型升价拍卖代理系统。③由于标准差很小，因此可知用户评价额度的具体数值和统计分布特征对改良型升价拍卖代理系统计算效率的影响不大。④与每个停车设施的停车泊位数量相比，停车设施数量对各机制计算时间的影响更大，因为停车设施的总数决定了所构建规划问题中制约条件的数量。

计算效率的比较：VCG 机制、Leonard 机制、改良型升价拍卖代理系统[平均值(s)/标准差(s)]

表 3-4

项　　目	VCG 机制	Leonard 机制	改良型升价拍卖代理系统
规模 1	1.7201/0.3031	0.0654/0.0122	0.0162/0.0015
规模 2	20316.8420/1326.9973	34.3837/1.1255	1.8124/0.0174
规模 3	109333.2442/15648.4095	143.0174/15.1167	12.2182/0.0444

图 3-6 给出了调优法在不同初始时间容量条件下的收敛过程。试验结果表明：①主问题线 3 和子问题线 1 的目标函数值可在有限步数内收敛到最大社会福利线 2。②初始值的设定会影响收敛过程。③调优法可以通过较少的步骤(表 3-5)实现较高的社会福利，此处将

社会福利最大值的95%及以上定义为较高社会福利。④主问题的收敛速度比子问题更快。⑤由于时间容量的振荡，子问题的目标函数值（收敛曲线）不是单调递增的（分析详见Magnanti 和 Wong，1981[186]）。

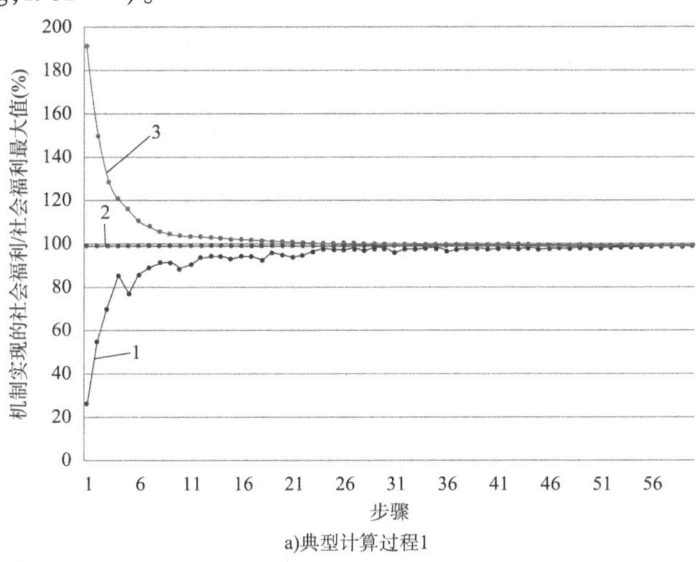

a)典型计算过程1

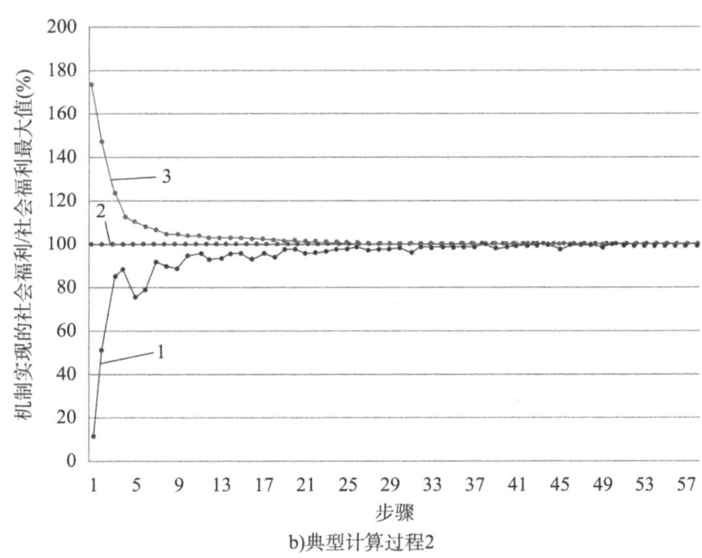

b)典型计算过程2

图3-6 调优法的计算过程

1-子问题；2-最优值；3-主问题

调优法的计算效率［平均值(s)，标准差(s)］ 表3-5

项　目	计算时间	步骤(100%)	步骤(95%)	有效顶点数
规模1'	0.9177/0.1401	15.5/3.1	6.6/1.1	11^5
规模2'	5.7799/0.3889	58.6/4.7	12.5/2.0	11^{15}
规模3'	111.2479/8.0547	190.6/18.7	29.8/2.7	5^{100}

最后需要分析调优法的计算效率。此处，本书依然通过100个样本的蒙特卡罗试验来考察调优法的计算时间和总步数，其中，试验还比较了100%和95%社会福利最大值的两种场景，试验结果如表3-5所示。试验结果表明：在一般情况下，①用户评价额度的具体数值和统计分布特征对计算时间和最大步数（100%的情况）影响不大。②通过对比规模1'和规模2'的试验结果可知，单位停车时间段数量和停车时间模式数量可能对计算时间及步数有很大影响（100%和95%两种情况）。③实现100%社会福利最大值的总步数远远小于有效顶点数量上限，由此可知调优法的计算效率是非常高的。④随着问题规模的增加，调优法计算时间的增长速度快于步数的增长速度（100%和95%两种情况）。⑤仅使用总步数的15% ~40%就能实现较高的社会福利（95%的情况），同时试验结果的标准差很小，这意味着调优法的此性质具有较强鲁棒性。

3.7.3 与试验定价策略的比较分析

现实中的出行一般可分为周期性出行（例如：通勤、通学）与非周期性出行（例如：旅游）两种形式，针对这两种形式，本节需要对新型拍卖机制与实际实施效果较好的试验定价策略（Experiment-based Pricing Strategy，详见Chatman和Manville[187]、Pierce和Shoup[188-189]、Shoup[7]）在适用性方面进行定性分析。对于周期性出行，新型拍卖机制与试验定价策略均可以精确地实现社会福利最大化，但由于管理者在把握用户出行规律方面需要一定的时间，因此试验定价策略在管理者精确掌握用户出行规律前的一段时间内可能会产生社会福利损失。对于非周期性出行或出行中存在不确定性的场景，因为管理者很难掌握用户出行规律，所以试验定价策略可能会产生社会福利的损失（例如：停车巡航、停车排队及尾气排放等）。

无论对于哪种形式的出行，若用户在使用停车许可证前就对活动计划进行变更，则在新型拍卖机制下就会产生社会福利的损失。因为新型拍卖机制并不允许用户对已经出售的停车许可证进行更换、再出售和取消等操作。另外，即使新型拍卖机制允许用户对未使用的停车许可证进行上述操作，若没有其他的用户购买和使用此停车许可证，则也会导致停车资源的浪费，进而产生社会福利的损失。

3.8 本章小结

第2章在考虑用户对停车设施、停车时间模式方面选择偏好的基础上构建了以社会福利最大化为目标的停车许可证最优分配、定价模型。其中，为实现基础模型的停车许可证最优分配、定价，理论上可以利用传统拍卖机制——VCG机制、Leonard机制，但现实可操作性不强。同时，传统升价/降价拍卖机制在实际操作中也存在一些局限性。扩展模型A的停车许可证最优分配问题为NP困难问题，且其制约条件的系数矩阵也不满足全幺模性，即使管理者利用某种方法能够准确把握用户的评价额度也无法使用如原始－对偶内点法等多项式算法进行有效求解。对此，本章首先利用拍卖代理系统和Sankaran[178]的研究成果将传统升价拍卖机制进行改进，提出改良型升价拍卖代理系统。而后利用Benders分解原理、对偶原理与改良型升价拍卖代理系统构建了调优法(包括迭代法和直接法)。最后,通过数值试验验证了新型机制的有效性、高效率性和鲁棒性。

改良型升价拍卖代理系统具有如下重要性质:①用户仅需对系统输入一次自己对部分停车许可证的评价额度即可,大幅度地降低了用户的操作烦琐性。②算法可在有限步骤之内收敛于停车许可证的最优分配方式与最小竞争均衡价格,此价格具有防止策略性操作的重要性质,可激励用户进行真实申报。③可避免某些用户的投机行为:如在拍卖末期才开始进行评价额度的申报,或以虚假名义申报和围标等。④最坏算法时间复杂度为多项式,且计算效率比传统拍卖机制高,最坏算法时间复杂度的具体排序为:改良型升价拍卖代理系统 < Leonard 机制 < VCG 机制。

调优法具有如下重要性质:①相较有效顶点数量上限,迭代法在极少的步骤之内就可以得到停车许可证的最优分配、定价结果。②在计算过程的任一步骤中,即使停车许可证的分配并非最优,求解得到的定价依然具有防止策略性操作的重要性质。③相较实现最大社会福利所需要的总步数,迭代法可在较少步骤之内实现社会福利最大值的95%以上。④虽然调优法(包括迭代法和直接法)的最坏算法时间复杂度为指数型,但相较传统机制,调优法(包括迭代法和直接法)依然有着较高的计算效率,最坏算法时间复杂度的具体排序为:迭代法 = 直接法 < Leonard 机制 = VCG 机制。

第 4 章　停车许可证收益再投资机制

4.1　适用场景

4.1.1　变量和参数

本章所涉及的变量和参数的意义,大部分与第 2 章和第 3 章一致。因此,表 4-1 中所列出的仅为单独在本章中使用的变量和参数的意义。

第 4 章中变量和参数的意义　　表 4-1

参数和变量	意　义
$K(\boldsymbol{c})$	停车设施容量的投资函数
q	任意种类参与者❶
M	参与者集合
s	集合 M 的任意子集合
$\varphi_q(F)$	任意种类参与者应得的社会福利
$\varphi_q(E)$	任意种类参与者应得的停车收益

4.1.2　其他假设

除了停车泊位提供者(以下简称“提供者”)之外,关于管理者,用户的特征分析和相关假设与第 2 章、第 3 章是一致的。因此,此处仅对提供者的行为特征进行分析。提供者是为了利用闲置停车资源获得一定收益的主体,在用户使用前一段时间(如出行前一天),提供者需向管理者提供共享停车泊位的详细信息:停车设施(或住宅小区)i、可停泊车辆时段 r 和是否配有充电桩等。

在适用场景方面,4.2 节的收益自融资分析针对的是公共停车泊位,因此不涉及提供者的行为。而 4.3 节的收益再分配机制设计则针对的是共享停车泊位,因此需要对提供者行为进行分析。

4.2　停车许可证的收益自融资分析

为定量分析公共停车泊位停车收益的自融资程度,需要构建同时确定各停车设施的最

---

❶ 在本章的理论分析部分,参与者包括共享停车泊位提供者、物业管理人员等主体。而在数值试验部分,参与者则具体指共享停车泊位提供者。

优容量$\boldsymbol{c}^*$与最优分配方式$\boldsymbol{y}^*$的规划问题[SF](此处,SF 表示 Self-financing)。管理者的目标是实现社会福利最大化与投资成本最小化,对此,首先需要将停车许可证的最优分配问题[SO]进行等价变换[由最大化问题变为等价的最小化问题,即式(4-1)等号右侧的第二部分],而后追加停车设施容量投资函数 $K(\boldsymbol{c})$。另外,4.2 节中的分析仅以基础模型场景为例,但分析结果对于扩展模型 A 和 B 是同样适用的。

$$F_{SF} \equiv \min_{\boldsymbol{c},\boldsymbol{y}} K(\boldsymbol{c}) - \sum_{i \in I} \sum_{a \in A} v_i^a y_i^a(\boldsymbol{c}) \tag{4-1}$$

s. t. 式(2-8) ~ 式(2-10)

$$c_i \geqslant 0 \qquad \forall i \in I \tag{4-2}$$

式(4-1)表示社会总费用的最小化。此处,除了分配方式 $\boldsymbol{y}$ 之外,停车设施容量 $\boldsymbol{c}$ 也为待求变量。同时,可将投资函数 $K(\boldsymbol{c})$定义如下

$$K(\boldsymbol{c}) = \sum_{i \in I} \frac{\partial K(\boldsymbol{c})}{\partial c_i} c_i \tag{4-3}$$

此处假定投资函数 $K(\boldsymbol{c})$的一阶导数对于每个停车设施都是同质的,在现实中此假设即指在一个面积不太大的区域内,每个停车设施若增加一个停车泊位,则其边际成本相同(或相差不大)。此假设与现实情况相符,这是因为停车泊位的建设成本主要在土地征用方面,而土地征用成本主要是由其性质和其所在区位决定的。

将停车许可证最优分配问题[SO]的对偶问题[SO - DM]带入式(4-1),而后利用问题[SF]的拉格朗日函数 L_{SF}对停车设施容量 c_i 求导可得到式(4-4)

$$\frac{\partial L_{SF}}{\partial c_i} = \frac{\partial K(c)}{\partial c_i} - p_i = 0 \tag{4-4}$$

在此基础上,若对区域内部所有停车设施的收益求和则发现停车设施的最优容量满足式(4-5)。式(4-5)的等号左侧为实现最优容量所需要的总投资费用,等号右侧为停车许可证制度在均衡状态下实现的停车总收益(即自适应拍卖系统 1 所得的总收益)。

$$K(\boldsymbol{c}^*) = \sum_{i \in I} c_i^* p_i^* \tag{4-5}$$

由式(4-5)可知,最优停车收益正好等于供给停车设施最优容量的成本。综上所述,若投资函数满足式(4-3),则在停车许可证制度下,自融资程度为 1。实际意义即为通过停车许可证拍卖所获得的收益恰好可以支撑停车设施最优数量泊位的建设成本,不需要外界给予资金支持,同时停车收益也没有任何结余。

4.3 停车许可证的收益再分配机制

4.3.1 沙普利值法适用条件分析

在基于停车许可证拍卖的共享停车泊位的分配、定价问题中,由于最优定价是由停车许可证的供需关系计算得出的。因此,计算结果中可能会出现由于供给(停车泊位数)大于需求(参与拍卖的用户数量)而最优定价为零的情况,即某些停车设施虽然为增加社会

福利(或降低社会总出行成本)作了贡献,但业主却没有得到相应的回报(收益为零)。目前,在我国,一个城市的静态总停车需求一般大于其供给,但从动态停车需求与供给的角度分析,工作日白天的住宅小区内部,夜间不对外开放的商业中心的配建停车设施,淡旺季区别明显的景区周边停车设施等常会出现在部分时间段内停车需求小于甚至远小于停车供给的情况。虽然在实际操作中,管理者可以对所有车辆收取一定的费用以保障停车设施的正常运营,但依旧需要构建一种按照每类参与者(如共享停车泊位提供者、物业管理人员等)在社会福利中的贡献程度进行停车收益分配的新机制。而这种以"按劳分配"理念为核心的公平收益分配机制会提高参与者的积极性,有利于共享停车泊位制度的推广和延续。

在共享停车泊位的分配、定价问题中,假设存在 $|M|$ 种类参与者(一个区域内虽有 $|I|$ 个地块,但某一地块中可能存在多种类的参与者)参与其中,可看作是 $|M|$ 个人的合作对策问题,Shapley[190]给出了该问题的最公平收益分配方案。此处的最公平是相较 Raiffa 解[191]、核心解[192]、Nash 谈判解[193]等经典收益分配方式而言的。但在使用沙普利值法前,首先需要对以下两个前提条件进行确认:①要保证参与此次经济活动的 $|M|$ 个人的利益是非对抗的,即合作中人数的增加不会引发总收益的减少,这样 $|M|$ 个人的合作才能带来最大的效益;②在前提条件①成立的基础上,需要进一步探讨任意子集 $s \in M$ 的收益可计算性,若不能计算,则不能使用沙普利值法进行收益分配。

对于前提条件①,在共享停车泊位管理中,交易平台的管理者为政府,其目标是通过平衡停车供需关系进而实现社会福利的最大化。因此,从社会福利的角度(详见最优化问题[SO]、[SO - A]、[SO - B]的目标函数构造)分析,上述 $|M|$ 个人的利益是非对抗的,即参与的地块或参与者的数量越多,所能实现的社会福利值就越大,因此上述前提条件①满足。但收益分配的总额却只能是管理者代收的停车费用,即管理者将问题[SO - ARLDM]的目标函数值以每位参与者对社会福利的贡献程度大小为基准分配给 $|M|$ 个参与者,这点与传统沙普利值法有所不同。

前提条件②是将传统沙普利值法应用于实际问题的巨大阻碍,特别是在众多毫不相识参与者合作的情况下,任意子集 $s \in M$ 的收益计算几乎是不可能的。为此,Raiffa 解[191]、核心解[192]、Nash 谈判解[193]等次优解法应运而生。但在本书中,通过停车许可证的拍卖(自适应拍卖系统 1 或 2),管理者就可以获得每个用户的选择偏好,即每个用户申报的评价额度 $v_{i,r}^{a}$。在此基础上,通过 3.3 节提出的调优法的计算即可精确得到任意子集 $s \in M$ 下的社会福利最大值与停车收益。因此,本书中提出基于停车许可证拍卖的最优分配、定价机制可协助实现沙普利值法的现实可计算性。

4.3.2 收益再分配的模型及求解方法

基于上述分析,本书可用沙普利值法对总停车费用进行合理公平的收益分配。根据传统沙普利值法,管理者可采用下述收益分配模型[式(4-6)、式(4-7)]对任意种类参与者 $q \in M$ 的应得社会福利 $\phi_q(F)$ 进行计算:

$$\phi_q(F) \equiv \sum_{s \in S_q} \omega(|s|)[F(s) - F(s/q)] \qquad \forall q \in M \tag{4-6}$$

$$\omega(|s|) = \frac{(|M| - |s|)!(|s| - 1)}{|M|!} \tag{4-7}$$

式中，S_q 是 M 中所有包含 q 种类参与者的子集；$|s|$ 为子集 s 中参与者的数量；$\omega(|s|)$ 为加权因子[具体定义见式(4-7)]；s/q 为去掉 q 之后的集合。另外，$F(s)$（$F(s/q)$）是在参与者集合为 $s(s/q)$ 条件下所实现的社会福利最大值。

如4.3.1节所述，由于管理者代收的停车费用总和仅为问题[SO－ARLDM]的目标函数值[并非社会总福利 $\phi_q(F)$]。因此，对任意 q 种类参与者的真正收益 $\phi_q(E)$ 应按以下比例进行分配：

$$\frac{\phi_q(F)}{\phi_q(E)} = \frac{F_{\text{SO-RL}}}{F_{\text{SO-RLDM}}} \tag{4-8}$$

即以每类参与者对社会福利的贡献程度大小为基准对仅有的停车收益进行公平分配。

4.4 案例分析

4.4.1 数值设定

本节数值试验对象为共享停车泊位的收益再分配问题，因此需要结合第2章和第3章所述的停车许可证最优分配与定价问题进行统筹分析。为此，下文中所使用的变量和参数符号均可参考第2章与第3章。如表4-1所示，在此数值试验中设定3块用地，共有6类提供者（如表4-1中的C2即代表C地块的第2类提供者，见图4-1）。为便于计算结果展示与分析，本文设定用户数量为30人（每人1台车），且停车时间模式共有4种（若按照2.1节中车辆只能停放一次的设定，停车时间模式的种类数量理论上应为单位时间段数量的自然数求和形式）。此数值试验的主要目的在于确认上述机制的可行性、有效性及展示具体的计算过程，并非实际项目的交通分析，所以并不需要囊括所有停车泊位种类与用户的停车需求。此外，在现实中，大部分共享停车泊位的提供者为住宅小区的居民，这些提供者由于上班暂时离开自己居住的小区而产生空闲停车泊位。因此，共享停车泊位的种类一般为上午、下午、白天、夜间这4种模式（图4-1）。

用户对各用地及各停车时间模式组合的评价额度根据式(2-2)计算得出。其中，对出行意愿支付的最高额度 w^a、步行距离 z_i^a、距离价值 γ^a 及时间价值 β^a 等变量数值设定具体见表4-2。此外，在现实中，用户的停车需求一般由其行动计划（例如：工作、游玩等）产生，并且行动计划时间一般不会做大幅度调整。因此，在数值设定中，用户对于其计划停车时间模式以外的停车时间模式与用地的评价额度一般不高，甚至为零。即相较停车泊位的空间位置，停车时间对用户的评价额度影响较大，即表4-2中时间价值 β^a 较大。综上所述，每位用户是根据自身特定的行动计划与偏好产生评价额度，但其中会给予某几类特定的停车许可证（停车时间模式与用地组合）较高评价。

本书构建的模型与算法具有极强的鲁棒性，可保证在任意用户评价额度统计分布下都可以求解到停车许可证的最优分配、定价与收益分配方式。因此，表 4-2 中所示的对出行意愿支付的最高额度、时间价值等参数设定仅为接近实际的数值。

试验数值设定 表 4-2

参　数	数　值	说　明
用户数量	30 人	—
地块数量	3 个	A、B、C
提供的共享停车泊位种类（停车许可证种类）	6 种	A、B1、B2、C1、C2、C3（共享停车泊位提供种类见图 4-1）
各提供者提供的共享停车泊位总数量（各数量）	30 个	A(5)、B1(5)、B2(5)、C1(5)、C2(5)、C3(5)
停车时间模式	4 种	白天/夜间（各 12h）上午/下午（各 6h）
用户对本次出行意愿支付的最高额度 w^a	10 ~ 15 元/h	[10,15]区间内的随机整数
步行至目的地距离 z_i^a	0km 1km	最希望停车地块距离目的地步行距离 其余停车设施步行至目的地的距离
距离价值 γ^a	8 ~ 12[元/(次·km)]	[8,12]区间内的随机整数（单位“次”表示停车次数）
时间价值 β^a	0 元/h 5 元/h	最希望的停车时间模式的金钱损失系数 最希望以外的时间停车的金钱损失系数
停车许可证的单位价格	1 元	—

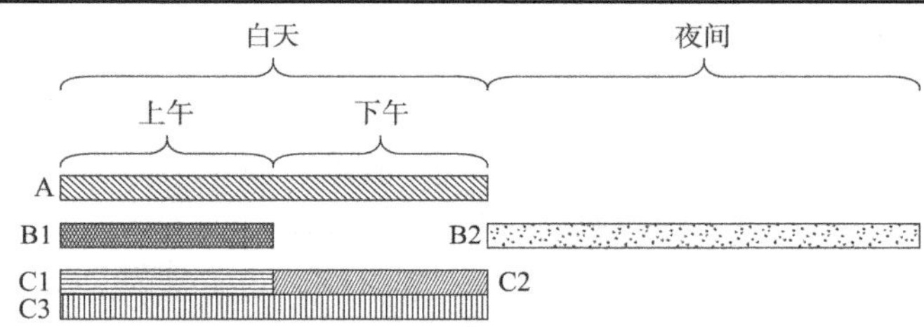

图 4-1　各地块提供者的共享停车泊位提供种类

4.4.2　结果分析：共享停车泊位的最优分配和定价

图 4-2 为最优固定时间容量 $\boldsymbol{\mu}^*(J)$ 条件下的改良型升价拍卖代理系统的计算过程，纵轴表示价格 $\boldsymbol{p}(J,k)$，横轴表示步骤 k，不同的符号（颜色）代表不同种类的停车许可证。由此可知：①价格最终收敛于最优收费定价（即最小竞争均衡价格），与直接求解固定时间容量 $\boldsymbol{\mu}^*(J)$ 下的问题[SO－ARLDM]的结果一致（即与 VCG 机制与 Leonard 机制下的结果一致），说明了结果的合理性。②表 4-2 的数值设定显示看似完全匹配的需求与供给，但由于用户不同的选择偏好导致不同种类停车许可证的最优定价不同。

图 4-3 为调优法的计算过程，纵轴为子问题、主问题与社会福利最大值的比值，横轴为调优法的计算步骤。由图 4-3 可知：①子问题[SO－ARL]的目标函数值（由改良型升价拍卖代理系统实现的社会福利）不断上升，而主问题[SO－ARU]的目标函数值则不断下降。最终，在有限的步骤之内（共 5 步）二者的目标函数值达成一致，算法收敛。②即使初始值的设

定并不理想（仅实现社会福利最大值的 20%），此调优法也可以使得社会福利在较少步骤之内达到较高值（如图 4-3 中的步骤 3，已超过社会福利最大值的 95%）。

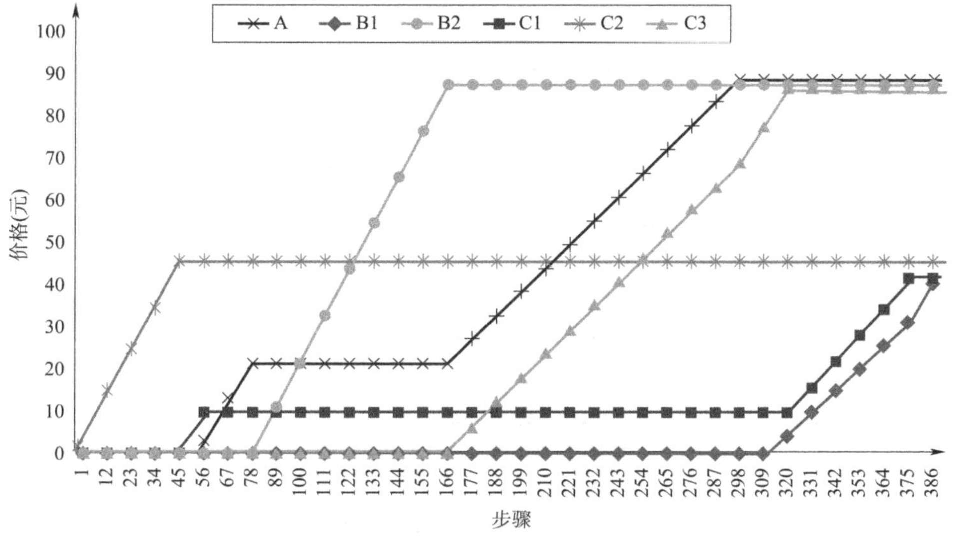

图 4-2 固定时间容量下的改良型升价拍卖代理系统的计算过程

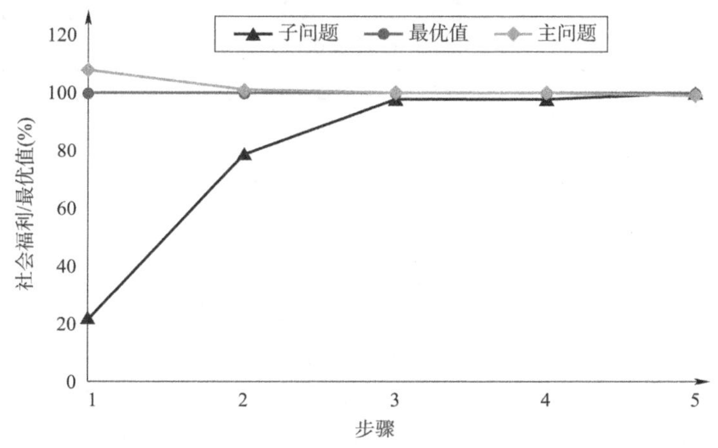

图 4-3 迭代法（调优法）的计算过程

表 4-3 与表 4-4 为最优固定时间容量 $\boldsymbol{\mu}^*(J)$ 条件下，通过改良型升价拍卖代理系统所得到的最优分配方式 $\boldsymbol{y}^*(J)$ 与最优定价 $\boldsymbol{p}^*(J)$。其中，表 4-3 中的“用户序号”代表 30 名用户，其对应的“分配结果”表示用地与停车时间模式的组合。表 4-4 为用户停车 1 次（停车 12h 或 6h）所缴纳的费用。由计算结果可知：①由于共享停车泊位数量与用户数量相等，使得每位用户都分配到了一张停车许可证。②即使停车时间模式相同，不同用地的停车许可证的最优定价也会存在差异（如 A 与 C3，B1 与 C1），这是由于用户对用地不同的选择偏好造成的。③全白天/全夜间（A、B2、C3）的停车时间模式（12h）由于用户的需求和评价额度普遍较高，因此最优定价也相对较高。

此外，由表 4-2 与式（2-2）可知，假设用户对出行的意愿支付最大额度 w^a 保持不变，当所有地块距目的地的距离较远（即 z_i^a 较大），或提供者提供的泊位停车时间模式与用户的日程安排、时间选择契合程度较低(即 h_r^a 较大),评价额度就会下降。同时,总社会福利及停车总收益也均会随之下降。此外,当用户最希望停车的地块与其他地块距离越远,或除最希望停车地块的时间模式以外其他地块的停车时间模式均与用户的日程安排、时间选择契合度越低,则用户的选择偏好表现得越明显,其获得自身最希望的停车许可证的概率也越大。

停车许可证的最优分配　　表 4-3

用户序号	分配结果	用户序号	分配结果	用户序号	分配结果	用户序号	分配结果	用户序号	分配结果
1	A	7	C1	13	B1	19	C1	25	C1
2	C3	8	B1	14	A	20	B2	26	A
3	B1	9	A	15	C2	21	C3	27	C3
4	B2	10	C3	16	C1	22	C1	28	C2
5	C2	11	B2	17	B2	23	B2	29	B1
6	C3	12	C2	18	C2	24	B1	30	A

停车许可证的最优收费定价　　表 4-4

种类	金额(元)	种类	金额(元)	种类	金额(元)
A	88	B1	43	B2	87
C1	42	C2	44	C3	85

每类提供者的总收益分配　　表 4-5

种类	总金额(元)	种类	总金额(元)	种类	总金额(元)
A	212.21	B1	80.54	B2	206.81
C1	92.69	C2	103.88	C3	204.76

4.4.3 结果分析:收益再分配

表 4-5 所示为每类提供者(1 天)提供 1 次停车泊位(即 12h 或 6h)的最终总收益分配,由此可知:①不同类型的提供者所获得的总收益一般不同,这是由停车许可证的供需关系与用户不同的选择偏好共同决定的。②可提供全白天的 A、C3 和全夜间 B2 的共享停车资源的地块业主收益相对较高,每位提供者的收益为 42.44 元/人、40.95 元/人、41.36 元/人(如表 4-2 所示,每类提供者的数量为 5 人,表 4-5 所示为总收益)。③只能提供上午或下午的 B1、C1 与 C2 类地块业主收益相对较低,仅约为上述全白天/夜间地块收益的一半,为 16.11 元/人、18.54 元/人、20.78 元/人,这与本试验的数值设定相符。

4.5 停车许可证最优分配、定价和收益分配机制的性质分析

4.5.1 先进性

如表 4-2 的数值设定与图 4-3 的调优法计算过程所示,用户只需根据自身的情况向自适应拍卖系统 1 输入自己对部分停车许可证的评价额度,提供者只需在停车许可证拍卖前向管理者提供共享停车泊位的信息,而管理者只需通过上述机制计算出停车许可证的最优分

配、定价与收益分配即可。在系统的输入与计算过程中，管理者无须对用户的交通行为进行任何形式的预测与控制，用户预定共享停车泊位也不需要繁杂的手续。此外，理论分析也显示改良型拍卖代理系统拥有多项式型算法最坏时间复杂度；调优法也拥有比 VCG 机制、Leonard 机制更加高效的计算效率（详见 3.5 节）。因此，相较传统机制，新型机制具有一定的先进性。

4.5.2 合理性

由表 4-3 与表 4-4 可知，固定时间容量条件下的改良型升价拍卖代理系统计算结果与直接求解问题[SO – ARL]与[SO – ARLDM]一致，调优法的计算结果与 VCG 机制、Leonard 机制的计算结果一致，即最小竞争均衡价格，这证明了新型机制的合理性、有效性。

4.5.3 适用性

若停车设施（网络交易平台）的管理者为政府机构，则本书构建的最优分配、定价机制可同时适用于公共停车泊位与共享停车泊位，因为政府的目标是社会福利最大化。若平台的管理者不为政府机构，则需要追加考虑平台的运行成本、收益最大化等问题，在此场景下新型机制并不适用。在收益分配机制方面，若对象为共享停车泊位，则管理者必须要设计一种基于对社会福利贡献程度的收益公平分配机制，这种机制的构建有利于政策的推广与延续。若对象是社会公共停车泊位，则管理者收费的目的是为了平衡停车供需关系，实现社会福利最大化。在此场景下，此收费可考虑用于停车设施的改扩建工程[即最优容量设计问题（Optimal Capacity Design Problem）]，可扩大停车管理政策的受益面，但并不涉及收益分配。此外，新型机制与试验定价策略在适用性方面的比较已经在 3.7.2 节进行了详细的分析，此处不再赘述。

4.5.4 实用性

管理者通过基于拍卖理论的停车许可证最优分配、定价机制，解决了用户与管理者之间的信息不对称问题。理论及数值分析中所述的“评价额度高”虽然表面上代表了“富人阶层”，但实质上是向停车设施管理者反映出“真正有停车需求的人”。同时，最小竞争均衡价格（平衡停车供需关系价格集合中的最小值）的定价也最大限度地保证了中标的“真正有停车需求的人”的自身利益，并非只有“富人阶层”才能支付得起。因此，基于停车许可证拍卖的公共（共享）停车泊位并非单纯的出价高者得，而是分配给了“真正有停车需求的人”，进而精确地实现了社会福利最大化。此外，通过基于对社会福利贡献程度的收益分配机制，保证每位停车泊位提供者都可以获得最公平的收益。综上所述，本机制具有较好的实用性与可持续性。

4.6 本章小结

针对公共停车泊位，4.2 节对停车收益的自融资程度进行了分析，得到了若投资函数满足一定条件,则在停车许可证制度下,自融资程度为1的结论。针对共享停车泊位,4.3节设计了停车收益的再分配机制,得出了此机制可以根据每类参与者对社会福利的贡献程度来进行收益公平分配的结论。

在方法论层面上,4.3节通过引入拍卖机制改良了传统的沙普利值法,其优势在于可计算任意参与者组合下的社会福利,克服了传统沙普利值法在现实应用上的困难。最后,通过数值试验验证了包括停车许可证分配、定价在内的一系列新型机制的先进性、合理性、适用性及实用性。

第5章　停车许可证的动态最优供给策略

5.1　适用场景

5.1.1　研究背景

根据1.4节所述,虽然诸多关于停车许可证最优供给策略或可预约、不可预约停车泊位的最优占比的既有研究取得了丰硕的成果,但依然存在较大的提升空间。①多数既有研究只是给出了一个静态(常数)或外生的停车许可证供给策略,但这些(次优)策略在应对时变交通环境和动态停车需求时的效果并不理想。例如,在工作日的高峰时段,城市商业中心的停车需求会达到一个较高的水平,而住宅区的停车需求则会显著下降。因此,传统的静态或外生的停车许可证供给策略可能会使得某一区域的停车资源出现不足或浪费,进而产生社会福利损失。②多数既有研究忽略了用户在停车时间方面的不确定性,即认为所有的用户都是按照既定的时间达到和离开停车设施。现实中,由于各种随机因素(例如:交通事故、恶劣天气和突如其来的加班)的存在,一些用户实际到达(离开)预约停车设施的时间要比计划的早(晚),这样在整体停车需求处于较高水平的时候,预约停车设施内部就有可能产生车辆排队现象。③在停车许可证领域,既有研究也很少考虑到传统有人驾驶车辆(Regular Vehicles)和完全自动驾驶车辆(Full-automonous Vehicles)共存的混合交通流情况。

此处有必要给出一些理论和实证分析,用以说明为什么当前研究必须要弥补上述缺陷②和③。对于缺陷②,根据广东省深圳市现行的交通管理政策,如果用户在医院的实际停车时间超过其预约的停车时间,则此用户的行为会被认定为失信行为,并将其纳入征信体系。此政策也间接地证明了停车排队等待延迟是一种不可忽略的社会成本。同时,一个用户的停车时间一般由其在停车设施附近的活动计划(Activity Plans)来决定的,根据侯世达定律(Hofstadter's Law)的核心内容“一个事情花费的时间通常比预期的要长,即使考虑了侯世达定律”可知,在停车许可证制度中,排队等待延误并非是一种罕见的现象。对于缺陷③,虽然5级的完全自动驾驶车辆(即在任何环境、任何时候都可以实现无人驾驶)在理论和技术上是可以实现的,但在城市道路环境中要将5级完全自动驾驶车辆完全付诸实践可能需要很长的时间。因此,在未来相当长一段时间内,由完全自动驾驶车辆和传统有人驾驶车辆组成的混合交通流将是交通管理的主要对象,同时也必须要考虑渗透率。

为了弥补上述既有研究的缺陷,本书在用户的停车行为具有不确定性的基础上提出了停车许可证的动态最优供给策略。具体来说,本书首先考虑了两类公共停车设施,即可预约停车设施和不可预约停车设施,其中,可预约停车设施受到停车许可证的管制。然而,由于停车许可证数量有限,只有部分用户会获得停车许可证,其余用户必须通过巡航寻找不可预约的停车泊位。为了实现所有停车用户的总出行时间损失最小,管理者会实时调整停车许可证发行数量。在此基础上,管理者利用新型拍卖机制就可以得到停车许可证的动态最优分配和定价。其次,本书将完全自动驾驶车辆和传统有人驾驶车辆组成的混合交通流作为研究对象,并且分析了渗透率对系统总时间损失的影响。

5.1.2 变量与参数

由于本章节出现的变量和参数较多,并且与其他章节有所重叠和冲突,所以在此需要将本书第 5 章中出现的所有变量和参数进行总结,以方便读者理解和查询。因此,表 5-1 中所示变量和参数的意义适用于本书第 5 章。

第 5 章中变量和参数的意义 表 5-1

变量和参数	意　　义
$r(t,q,g)$	动态停车许可证用户供给比例
$r^*(t,q,g)$	动态最优停车许可证供给比例
$r_+^*(t,q,g)$,$r_0^*(t,q,g)$	$q(t)>0$ 情况与 $q(t)=0$ 情况下的动态最优停车许可证供给比例
$1-r(t,q,g)$	停车巡航用户的比例
$g(t)$	时刻 t 的停车巡航时间
$q(t)$	时刻 t 的排队等待时间
g_0	初始时刻 $t=0$ 的停车巡航时间
g_T	最终时刻 $t=T$ 的停车巡航时间
q_0	初始时刻 $t=0$ 的排队等待时间
q_T	最终时刻 $t=T$ 的排队等待时间
$\Phi(q_T,g_T,T)$	系统最终状态
T	最终时刻
t	时刻
Δt	单位停车时间段
p	传统有人驾驶车辆在交通流中的占比
$\alpha(t)$	时刻 t 的排队等待时间状态转移方程的趋势项
$\beta(t)$	时刻 t 的停车巡航时间状态转移方程的趋势项
$\eta(t)$	时刻 t 的路网中车辆台数的变化率
$\theta(t)$	时刻 t 的停车许可证供给比例上限
$\lambda(t)$	时刻 t 的停车需求(总停车许可证需求)
$\mu(t)$	时刻 t 的可预约停车设施剩余容量
k_1	排队等待长度与排队等待时间的换算系数
k_2	车辆台数与停车巡航时间的换算系数
s	假定最优值函数中的待估参数
ε	停车巡航用户行为不确定性的标准差
σ	停车许可证用户行为不确定性的标准差
H	哈密尔顿 – 雅克比 – 贝尔曼方程(HJB 方程)

续上表

变量和参数	意　义
$L(t,q,g,r)$	时刻 t 的系统总时间损失
STL	系统总时间损失
$V(t,q,g)$	最优值函数
V_A	假定最优值函数
a	分析过程中的计算因子 1
b	分析过程中的计算因子 2
c	分析过程中的计算因子 3
K	单位停车时间段数量

5.1.3　场景描述

在一个城市区域中存在若干个路外公共停车设施(以下简称“停车设施”),它们是由同一个道路网络连接的,但是并没有对道路网络的结构和停车设施的空间分布做特殊的限制。停车设施分为可预约和不可预约两种。可预约停车设施受到停车许可证的管制,停车许可证由管理者进行分配和定价。由于停车许可证数量有限,没有分配到停车许可证的用户只能通过巡航选择不可预约停车设施泊车。

在现实中,管理者很难分辨某一区域中哪些车辆正在停车巡航,哪些车辆只是单纯的通过此区域。由于几乎所有的停车用户都倾向于通过预约停车泊位来减少自身出行的成本和不确定性,因此,研究很自然地认为停车需求即为想购买停车许可证,即参加停车许可证交易市场的用户数量 $\lambda(t)$。令 $[0,T]$ 为停车许可证的管控总时段,这个管控总时段足够长,可以覆盖天内主要的出行时间和停车时间。如果一个用户想购买停车开始时刻为 t 的停车许可证,那么这个用户必须在时刻 $t-\Delta t$ 参加停车许可证交易市场。其中,Δt 为单位停车时间段,现实中根据场景不同,一般可设定为 15min、20min、30min。同时,令 $\mu(t)$ 为时刻 t 的剩余可预约停车泊位数量,它是时刻 t 停车许可证供给量的上限。

由于信息的非对称性和一些不确定性因素,用户一般不能准确地预测出行时间和每个行动计划所耗费的时间。因此,用户也很难在预定的时间到达或离开可预约停车设施,这样可预约停车设施内部就可能产生车辆排队等待现象,令 $q(t)$ 为时刻 t 的排队等待时间。另外,没有获得停车许可证的用户就只能寻找不可预约停车泊位,令 $g(t)$ 为时刻 t 的停车巡航时间。

最后,研究需要提供一些理论和实证分析来解释为什么排队等待时间 $q(t)$ 和停车巡航时间 $g(t)$ 会在同一个数量级上,即对两者求代数和计算系统总时间损失的实际意义。首先,由于交通是派生需求,因此可预约停车设施内部的排队等待时间不仅代表了此用户在出行方面的时间损失,更是反映了用户从某项活动计划所应获得的效用的减少值。另外,停车许可证用户一般已经根据时间提前安排好了活动计划,如果排队等待现象出现,则晚到日程损失和效用损失同样也会发生。从既有的实证研究(如 Small[194])可知,晚到日程损失的系数是早到日程损失的数倍。其次,近年来一些关于停车巡航时间测算的实证研究(如 Chiara 和 Goodchile[195];Weinberger 等[196])显示平均停车巡航时间一般不是很大,在很多城市,它的值是小于 5min 的。因此,综上所述,排队等待时间 $q(t)$ 和停车巡航时间 $g(t)$ 是差不多的,利用两者代数和评价系统总时间损失是有实际意义的。特别是对于可预约停车设施大范围存在的城市中心,例如综合商业体或医院的配建停车泊位,停车设施内的车辆排队现象则更为常见。

5.2 模型构建

5.2.1 出行成本与动态系统最优

本章理论研究针对的场景主要由以下两个部分构成:①持有停车许可证用户停车行为的不确定性,即用户可能会出现比预约时间早到/晚到、早离开/晚离开停车设施的情况,这会导致在停车设施内部产生车辆排队等待现象。②在真实世界中可预约(受到停车许可证管制)和不可预约(传统停车设施)是共存的,由于可预约停车泊位数量是有限的,因此没有获得停车许可证的用户只能去寻找不可预约的停车泊位。

鉴于此,建模时需要同时考虑持有和未持有停车许可证两类用户的出行成本总和。

$$\mathrm{STL} = \int_0^T L(\cdot)\mathrm{d}t = \int_0^T [r(\cdot)\lambda(t)q(t) + (1 - r(\cdot))\lambda(t)g(t)]\mathrm{d}t \tag{5-1}$$

式中,STL 表示的是管控总期间$[0,T]$中所有用户的时间损失;$L(\cdot)$表示的是时刻 t 所有用户的时间损失,其中“·”代表的是(t,q,g,r);$\lambda(t)$为时刻 t 的停车需求,此处的停车需求是指欲申请购买停车许可证的用户数量;$q(t)$为时刻 t 的排队等待时间;$g(t)$为时刻 t 的停车巡航时间;$r(\cdot)$为时刻 t 停车许可证发行数量占申请购买停车许可证用户数量的比例,其中“·”代表的是(t,q,g),以下简称“供给策略”,非必要时不强调动态。

最重要的两个随机状态变量 $q(t)$ 和 $g(t)$ 应符合以下演变规律:

$$\mathrm{d}q(t) \equiv \alpha(t)\mathrm{d}t + \sigma(t,q,r)\mathrm{d}z = \alpha(t)\mathrm{d}t + \sigma r(\cdot)\lambda(t)\mathrm{d}z \tag{5-2}$$

$$\mathrm{d}g(t) \equiv \beta(t)\mathrm{d}t + \varepsilon(t,q,r)\mathrm{d}w = \beta(t)\mathrm{d}t + \varepsilon p(t)(1 - r(\cdot))\lambda(t)\mathrm{d}w \tag{5-3}$$

式(5-2)、式(5-3)中,$\alpha(t)$和$\beta(t)$为随机状态变量 $q(t)$ 和 $g(t)$ 在微小时间段 dt 内的变化期望值,具体数学表达见式(5-4)、式(5-5);z 和 w 为标准维纳过程;σ 和 ε 为随机变量的标准差;$p(t)$为时刻 t 混合交通流中传统有人驾驶车辆的比例,相应的,$1 - p(t)$ 即为时刻 t 混合交通流中完全自动驾驶车辆的比例,即渗透率。

$$\alpha(t) = \begin{cases} k_1(r(\cdot)\lambda(t) - \mu(t)) & \text{if} \quad q(t) > 0 \\ 0 & \text{if} \quad q(t) = 0 \end{cases} \tag{5-4}$$

$$\beta(t) = k_2\eta(t) \tag{5-5}$$

式(5-4)、式(5-5)中,k_1 为微小时间段 dt 内的排队等待长度变化率和排队等待时间变化率的换算系数;k_2 为微小时间段 dt 内的路网中车辆台数变化率和停车巡航时间变化率的换算系数;$\eta(t)$为微小时间段 dt 内的路网中车辆台数的变化率。

此处,需要对上述建模,特别是状态转移方程的合理性进行分析。首先,本书采用维克瑞瓶颈模型(Vickery Bottleneck Model)描述车辆在停车设施内部排队等待长度的变化。因此,其微小时间段 dt 内的变化率主要是由停车许可证用户的到达率 $r(\cdot)\lambda(t)$ 与可预约停车泊位剩余数量 $\eta(t)$ 共同决定的。其次,基于既有实证研究(例如:Chiara 和 Goodchile[195];Weinberger 等[196])可知,不同城市与不同时间段的停车巡航时间存在较大差异,停车巡航时间主要是由此刻路网中存在的车辆台数决定的。最后,停车巡航时间的不确定性主要是由用户寻找停车泊位时的随机制动(Velocity Randomization,此现象由于驾驶员左顾右盼寻找停车泊位导致)引起的。对此,Talebpour 和 Mahmassani[197] 发现完全自动驾驶车辆的引入会使得交通流变得平顺,因此,若在混合交通流中增加完全自动驾驶车辆的比例,则此不确定性将会降低。

综上所述,定义如下动态系统最优问题[DSO],以实现整个管控总期间[0,T]内所有用户时间损失期望值的最小化。

$$F_{\mathrm{DSO}} = \min_{\{0\leqslant r(\cdot)\leqslant\theta(t)\}} \mathbb{E}\left[\int_0^T L(\cdot)\mathrm{d}t + \Phi(g_T,q_T,T)\,|\,q(0) = q_0, g(0) = g_0\right] \tag{5-6}$$

式中,q_0 和 q_T 分别表示系统初始和结束时的排队等待时间;g_0 和 g_T 分别表示系统初始和结束时的停车巡航时间;T 为系统终端时刻且固定;$\Phi(g_T,q_T,T)$ 为系统终端状态且自由。此处需要注意的是,由于时刻 t 的停车许可证发行数量不能超过此时刻的可预约停车泊位剩余容量 $\mu(t)$,因此,管理者在求解 $r(\cdot)$ 值时应在 $0\leqslant r(\cdot)\leqslant\theta(t)$ 范围内,其中 $\theta(t)=\min\{\mu(t)/\lambda(t),1\}$。综上所述,$0\leqslant r(\cdot)\leqslant\theta(t)$ 即为最优化问题[DSO]中控制变量 $r(\cdot)$ 的制约条件。

5.2.2 最优性条件

求解上述动态系统最优问题[DSO]有两种基本方法:庞德里亚金极值原理(Pontryagin Minimum Principle)和动态规划原理(Dynamic Programming Principle,DP)。由于问题[DSO]的状态转移方程[式(5-2)、式(5-3)]中含有不确定项 $\sigma r(\cdot)\lambda(t)\mathrm{d}z$ 和 $\varepsilon p(t)(1-r(\cdot))\lambda(t)\mathrm{d}w$,因此只有动态规划原理适用。为了得到动态最优控制策略,必须首先分析问题[DSO]的最优性条件:哈密尔顿-雅克比-贝尔曼方程(Hamilton-Jacobi-Bellman equation,HJB equation)。为此,定义如下最优值函数(Optimal Value Function)$V(\cdot)$。

$$V(\cdot) = \min_{\{0\leqslant r(\cdot)\leqslant\theta(t)\}} \mathbb{E}\left[\int_t^T L(\cdot)\mathrm{d}t + \Phi(q_T,g_T,T)\,|\,q(t) = q_t, g(t) = g_t\right] \tag{5-7}$$

此处,q_t 和 g_t 分别为时刻 t 的排队等待时间和停车巡航时间。同时,由于此函数已经取得了最优值,因此最优值函数只与 $q(t)$ 和 $g(t)$ 两个状态变量有关,而与控制变量 $r(\cdot)$ 无关。应用 DP 原理,$V(\cdot)$ 变换为:

$$V(\cdot) = \min_{\{0\leqslant r(\cdot)\leqslant\theta(t)\}} \mathbb{E}[L(\cdot)\Delta t + V(t+\Delta t, q+\Delta q, g+\Delta g)] \tag{5-8}$$

对式(5-8)等式右侧第二项的 $V(t+\Delta t,q+\Delta q,g+\Delta g)$ 进行泰勒展开,忽略高次项可得式(5-9)。同时,为了简化表达形式,在本章下文中一律省略$(\cdot)$、$(\cdot)$和(t)的表达形式。

$$V(t+\Delta t,q+\Delta q,g+\Delta g)=V+\frac{\partial V}{\partial t}\Delta t+\frac{\partial V}{\partial q}\Delta q+\frac{\partial V}{\partial g}\Delta g+\frac{1}{2}\frac{\partial^2 V}{\partial t^2}(\Delta t)^2+\frac{1}{2}\frac{\partial^2 V}{\partial q^2}(\Delta q)^2+\frac{1}{2}\frac{\partial^2 V}{\partial g^2}(\Delta g)^2+\frac{\partial^2 V}{\partial q\partial t}\Delta q\Delta t+\frac{\partial^2 V}{\partial g\partial t}\Delta g\Delta t+\frac{\partial^2 V}{\partial q\partial g}\Delta q\Delta g \tag{5-9}$$

标准维纳过程 z 和 w 满足如下性质：

$$\begin{cases}E[(\Delta z\Delta w)]=\rho\Delta t\\E[\Delta t\Delta z]=0\\E[\Delta t\Delta w]=0\\(\Delta t)^2\cong 0\end{cases} \tag{5-10}$$

将式(5-10)代入状态转移方程式(5-2)、式(5-3)，即可得式(5-11)：

$$\begin{cases}E[(\Delta q)^2]\cong\sigma^2r^2\lambda^2\Delta t\\E[(\Delta g)^2]\cong\varepsilon^2p^2(1-r)^2\lambda^2\Delta t\\E[(\Delta t\Delta q)]\cong 0\\E[(\Delta t\Delta g)]\cong 0\\E[(\Delta q\Delta g)]\cong\rho\sigma\varepsilon pr(1-r)\lambda^2\Delta t\end{cases} \tag{5-11}$$

式中，ρ 为协方差。这样，式(5-2)、式(5-3)可以等价转化为：

$$\frac{\partial V}{\partial q}\Delta q=\alpha\frac{\partial V}{\partial q}\Delta t+\sigma r\lambda\frac{\partial V}{\partial q}\Delta z \tag{5-12}$$

$$\frac{\partial V}{\partial g}\Delta g=\beta\frac{\partial V}{\partial g}\Delta t+\varepsilon p(1-r)\lambda\frac{\partial V}{\partial g}\Delta w \tag{5-13}$$

将式(5-11)～式(5-13)代入式(5-9)，即可得式(5-14)：

$$V(t+\Delta t,q+\Delta q,g+\Delta g)=V+\frac{\partial V}{\partial t}\Delta t+\frac{\partial V}{\partial q}\Delta q+\frac{\partial V}{\partial g}\Delta g+\frac{1}{2}\sigma^2r^2\lambda^2\frac{\partial^2 V}{\partial q^2}\Delta t+\frac{1}{2}\varepsilon^2p^2(1-r)^2\lambda^2\frac{\partial^2 V}{\partial g^2}\Delta t+\rho\sigma\varepsilon pr(1-r)\lambda^2\frac{\partial^2 V}{\partial q\partial g}\Delta t \tag{5-14}$$

再将式(5-12)～式(5-14)代入式(5-8)，即可得式(5-15)

$$V-\frac{\partial V}{\partial t}\Delta t=\min_{\{0\leqslant r\leqslant\theta\}}\left[\begin{array}{l}L\Delta t+V+\alpha\frac{\partial V}{\partial q}\Delta t+\beta\frac{\partial V}{\partial g}\Delta t+\\\frac{1}{2}\sigma^2r^2\lambda^2\frac{\partial^2 V}{\partial q^2}\Delta t+\frac{1}{2}\varepsilon^2p^2(1-r)^2\lambda^2\frac{\partial^2 V}{\partial g^2}\Delta t+\\\rho\sigma\varepsilon pr(1-r)\lambda^2\frac{\partial^2 V}{\partial q\partial g}\Delta t\end{array}\right] \tag{5-15}$$

最后，再将式(5-15)中等式两侧的 V 去掉，并且等式两侧同时消去 Δt 便可以得到 HJB 方程如式(5-16)、式(5-17)所示。

$$-\frac{\partial V}{\partial t}=\min_{\{0\leqslant r\leqslant 1\}} H \tag{5-16}$$

$$H=\left[L+\alpha\frac{\partial V}{\partial q}+\beta\frac{\partial V}{\partial g}+\frac{1}{2}\sigma^2 r^2\lambda^2\frac{\partial^2 V}{\partial q^2}+\frac{1}{2}\varepsilon^2 p^2(1-r)^2\lambda^2\frac{\partial^2 V}{\partial g^2}+\rho\sigma\varepsilon pr(1-r)\lambda^2\frac{\partial^2 V}{\partial q\partial g}\right] \tag{5-17}$$

下面对式(5-17)等号右侧部分的意义进行解释:第一项是时刻 t 的系统总时间损失;第二项和第三项为时刻 t 的排队等待时间与停车巡航时间的边际成本,即排队等待时间与停车巡航时间的微小变化对系统总时间损失的影响;第四、第五和第六项均为不确定项,且这些不确定性并不能被管理者精确把握。

将式(5-2)~式(5-5)代入式(5-17)则可以得到下述两个函数 H_+ 与 H_0,这两个函数分别对应情况 $q>0$ 和情况 $q=0$。且数学表达如下所示:

$$H_+=L+k_1(r\lambda-\mu)\frac{\partial V}{\partial q}+k_2\eta\frac{\partial V}{\partial g}+\frac{1}{2}\sigma^2 r^2\lambda^2\frac{\partial^2 V}{\partial q^2}+\frac{1}{2}\varepsilon^2 p^2(1-r)^2\lambda^2\frac{\partial^2 V}{\partial g^2}+\rho\sigma\varepsilon pr(1-r)\lambda^2\frac{\partial^2 V}{\partial q\partial g} \tag{5-18}$$

$$H_0=(1-r)\lambda g+k_2\eta\frac{\partial V}{\partial g}+\frac{1}{2}\sigma^2 r^2\lambda^2\frac{\partial^2 V}{\partial q^2}+\frac{1}{2}\varepsilon^2 p^2(1-r)^2\lambda^2\frac{\partial^2 V}{\partial g^2}+\rho\sigma\varepsilon pr(1-r)\lambda^2\frac{\partial^2 V}{\partial q\partial g} \tag{5-19}$$

在此,式(5-18)、式(5-19)是含有控制变量 r 的函数,因此等式两侧对 r 求导即可得到含有诸多偏导数项[见式(5-21)]的最优控制策略 r^*。同时,根据是否存在排队等待时间,分为 $q>0$ 与 $q=0$ 两类情况。

$$r_+^*=\frac{g-q-k_1V_q+\varepsilon^2p^2\lambda V_{gg}-\rho\sigma\varepsilon p\lambda V_{qg}}{\lambda(\sigma^2V_{qq}-2\rho\sigma\varepsilon pV_{qg}+\varepsilon^2p^2V_{gg})} \tag{5-20}$$

$$V_q=\frac{\partial V}{\partial q},V_g=\frac{\partial V}{\partial g},V_{qq}=\frac{\partial^2 V}{\partial q^2},V_{gg}=\frac{\partial^2 V}{\partial g^2},V_{qg}=\frac{\partial^2 V}{\partial q\partial g} \tag{5-21}$$

$$r_0^*=\frac{g+\varepsilon^2p^2\lambda V_{gg}-\rho\sigma\varepsilon p\lambda V_{qg}}{\lambda(\sigma^2V_{qq}-2\rho\sigma\varepsilon pV_{qg}+\varepsilon^2p^2V_{gg})} \tag{5-22}$$

式(5-18)~式(5-22)中,“+”表示 $q>0$ 的情况,“0”表示 $q=0$ 的情况。根据上述分析可知:动态最优控制策略为一个闭环的反馈控制(Closed-loop Feedback Control),相较只利用历史数据的开环控制策略,最优控制策略 r^* 为两个随机状态变量 q 和 g 的函数。同时,动态最优控制策略也与是否存在排队等待时间 q 有关。

从式(5-20)~式(5-22)结构可知,若管理者想获得动态最优控制策略的解析解,则必须要预先知道最优值函数 V 的形式,否则就没有办法获得式(5-21)所示的具体偏导数形式。同时,本书还发现若不确定项 σ 和 ε 同时为零,则由于 $r\in[0,\theta]$ 的限制[式(5-6)],r^* 只能取得可行域的上限 θ 或下限 0,即上述动态最优控制策略会退化为“砰-砰控制策略❶”。

❶ “砰-砰控制”即为最优控制的各个控制变量在整个过程中分段地取为容许控制范围的最大或最小值。

接下来，需要讨论动态最优控制策略 r^* 的合理性。①随着排队等待时间 q 及其换算系数 k_1 的增加，或停车巡航时间 g 及其换算系数 k_2 的降低，停车许可证的最优供给比例将会降低。②对于偏导数项，当 V_q 增加或 V_g 降低，则停车许可证的最优供给比例将会降低。③对于不确定项，当 $\sigma(\varepsilon$ 或 $\rho)$ 增加，则停车许可证的最优供给比例将会降低（增加）。④随着传统有人驾驶车辆比例的增加，停车许可证的最优供给比例将会增加。⑤在 $\sigma \geqslant \varepsilon(\sigma < \varepsilon)$ 条件下，随着停车用户数量 λ 的增加，停车许可证最优供给比例将会降低（增加）。⑥当不确定项的标准差 σ 和 ε 为零，随机最优控制问题将会退化为确定最优控制问题。综上所述，通过理论推导得到的最优控制策略[式(5-20)～式(5-22)]符合理论和现实逻辑。

5.3 求解方法

5.3.1 最优值函数形式的确定

由式(5-20)～式(5-22)可知，若管理者明确掌握最优值函数 V 的形式，即最优值函数值与随机状态变量 q 和 g 之间的关系，则可直接求解得到不含有偏导数项 $\partial V/\partial q$、$\partial V/\partial g$、$\partial^2 V/\partial q^2$、$\partial^2 V/\partial g^2$、$\partial^2 V/\partial q\partial g$ 的最优控制策略 r^*，否则将无法计算。这也是使用动态规划原理分析最优性条件（HJB 方程），进而求解连续系统最优控制策略的主要困难之一，即必须要知道最优值函数的形式。对此，Akamatsu 和 Nagae[198] 提出了一种基于广义线性互补问题且不利用具体最优值函数形式即可求解动态最优控制策略和系统最优轨线的算法。但其应用条件较为苛刻，必须要求最优控制策略为“砰-砰控制型策略”才行，因此不适合本书。

此外，在机器学习的领域中，最优值函数形式的确定也可以使用值函数近似（Value Function Approximation）理论，但数据采集及训练成本极高，且仍需要对最优值函数的形式进行提前假设。现实中，通过长期的观测和逻辑推导，管理者也可在一定程度上把握住最优值函数的形式特征，但其中的具体参数并不能精准掌握。鉴于此，基于 Kamien 和 Schwartz[199] 的成果，本书采用一种实用性较强的方法：即先假设最优值函数形式，而后求解其中待估参数解析解，最后确定停车许可证的动态最优供给策略的解析解。

根据问题[DSO]的特点，假定最优值函数的构造形式应满足以下条件：①最优值函数的值仅由状态变量和估计参数决定，与最优控制策略无关。②由于最优控制策略的求解需要最优值函数二阶可微，因此两个状态变量 q 和 g 应是二次以上的。③没有排队等待时间与停车巡航时间的交互项，因为从现实中看两者并没有明显的相关关系。综上所述，可构造假定最优值函数 V_A 如下所示：

$$V_A = s(q^2 + g^2) \tag{5-23}$$

式中，s 为待估参数。

5.3.2 停车许可证最优供给策略的确定

将式(5-23)所示的假定最优值函数 V_A 带入到 HJB 方程中，而后会得到 s，即 s_+ 和 s_0 的解析解，这两个解析解分别对应的是 $q>0$ 和 $q=0$ 的情况。当 $q>0$ 时，s_+ 的两个可行解如下所示：

$$s_+^{(1)} = \frac{-\Omega_1 - \sqrt{\Omega_2 + \Omega_3}}{\Omega_4 + \Omega_5} \tag{5-24}$$

$$s_+^{(2)} = \frac{-\Omega_1 + \sqrt{\Omega_2 + \Omega_3}}{\Omega_4 + \Omega_5} \tag{5-25}$$

此处，$\Omega_1,\Omega_2,\Omega_3,\Omega_4,\Omega_5$ 分别为：

$$\Omega_1 = k_1 gq + \varepsilon^2 \lambda p^2 q - k_1 q^2 + g\lambda\sigma^2 \tag{5-26}$$

$$\Omega_2 = (\sigma^2 + \varepsilon^2 p^2)\begin{bmatrix} 2g^3 k_2 \eta + 2gq^2(\eta k_2 - k_1\lambda + 2k_1\mu) \\ + q^2(\varepsilon^2 p^2 \lambda^2 - 2k_1\mu q) \end{bmatrix} \tag{5-27}$$

$$\Omega_3 = g^2(\sigma^2 + \varepsilon^2 p^2)[-4\eta k_2 q + 2k_1 q(\lambda - \mu) + \lambda^2\sigma^2] \tag{5-28}$$

$$\Omega_4 = -2k_1^2 q^2 + 4gk_2\eta\sigma^2 - 4k_1\mu q\sigma^2 \tag{5-29}$$

$$\Omega_5 = 2\varepsilon^2 p^2[2gk_2\eta + 2k_1 q(\lambda - \mu) + \lambda^2\sigma^2] \tag{5-30}$$

当 $q=0$ 时，s_0 的两个可行解如下所示：

$$s_0^{(1)} = \frac{-g\lambda\sigma^2 - \sqrt{g^2(\varepsilon^2 p^2 + \sigma^2)[2gk_2\eta + \lambda^2\sigma^2]}}{4gk_2\eta\sigma^2 + 2\varepsilon^2 p^2(2gk_2\eta + \lambda^2\sigma^2)} \tag{5-31}$$

$$s_0^{(2)} = \frac{-g\lambda\sigma^2 + \sqrt{g^2(\varepsilon^2 p^2 + \sigma^2)[2gk_2\eta + \lambda^2\sigma^2]}}{4gk_2\eta\sigma^2 + 2\varepsilon^2 p^2(2gk_2\eta + \lambda^2\sigma^2)} \tag{5-32}$$

最后，不带有偏导数项的最优控制策略的解析解如式(5-33)、式(5-34)所示。

$$r_+^{(1)} = \frac{g - q + 2s_+^{(1)}(\varepsilon^2 p^2\lambda - k_1 q)}{2s_+^{(1)}\lambda(\sigma^2 + \varepsilon^2 p^2)} \quad r_+^{(2)} = \frac{g - q + 2s_+^{(2)}(\varepsilon^2 p^2\lambda - k_1 q)}{2s_+^{(2)}\lambda(\sigma^2 + \varepsilon^2 p^2)} \tag{5-33}$$

$$r_0^{(1)} = \frac{g + 2s_0^{(1)}\varepsilon^2 p^2\lambda}{2s_0^{(1)}\lambda(\sigma^2 + \varepsilon^2 p^2)} \quad r_0^{(2)} = \frac{g + 2s_0^{(2)}\varepsilon^2 p^2\lambda}{2s_0^{(2)}\lambda(\sigma^2 + \varepsilon^2 p^2)} \tag{5-34}$$

此处，s_+ 和 s_0 可以通过式(5-24)、式(5-32)计算得出。以 s_+ 为例进行说明，在每个时刻，管理者需要在 $s_+^{(1)}$ 和 $s_+^{(2)}$ 之中选择其一作为最优值函数的待估参数值，其方法主要是比较带入 $s_+^{(1)}$ 和 $s_+^{(2)}$ 之后的最优值函数值的大小(详见 5.3.3 节的算法 2)。

5.3.3 算法

根据上述理论分析，本节给出停车许可证最优供给策略、最优值函数值、排队等待时间和停车巡航时间的算法。为了能够计算，必须将时间轴进行离散化，并将时间间隔设定为 Δt，这样整个时间段$[0,T]$将被分割为有限个时间间隔，此处时间间隔可用 $i=0,1,\cdots,I$ 表示。在此设定下，将算法的具体流程总结如下(算法 2)：

- 步骤 1'：初始化。设定 $q(i)$、$g(i)$ 和 $\mu(i)$ 的初始值；$i=0$。
- 步骤 2'：供给策略。通过式(5-24)～式(5-32)求解待估参数 $s(i)$，通过式(5-33)、式(5-34) 求供给策略 $r(i)$ 和上限 $\theta(i)$。
- 步骤 3'：判断。①当满足 $q(i)>0$ 和 $V_+^{(1)}(i) \leqslant V_+^{(2)}(i)$ 的时候，如果 $r_+^{(1)}(i) \in [0, \theta(i)]$，则 $r_+^*(i) = r_+^{(1)}(i)$；如果 $r_+^{(1)}(i) \leqslant 0$，则 $r_+^*(i) = 0$；如果 $r_+^{(1)}(i) \geqslant \theta(i)$，则 $r_+^*(i) =$

$\theta(i)$。②当满足 $q(i)>0$ 和 $V_+^{(1)}(i)>V_+^{(2)}(i)$ 的时候，如果 $r_+^{(2)}(i)\in[0,\theta(i)]$，则 $r_+^*(i)=r_+^{(2)}(i)$；如果 $r_+^{(2)}(i)\leqslant 0$，则 $r_+^*(i)=0$；如果 $r_+^{(2)}(i)\geqslant\theta(i)$，则 $r_+^*(i)=\theta(i)$。③当满足 $q(i)=0$ 和 $V_0^{(1)}(i)\leqslant V_0^{(2)}(i)$ 的时候，如果 $r_0^{(1)}(i)\in[0,\theta(i)]$，则 $r_0^*(i)=r_0^{(1)}(i)$；如果 $r_0^{(1)}(i)\leqslant 0$，则 $r_0^*(i)=0$；如果 $r_0^{(1)}(i)\geqslant\theta(i)$，则 $r_0^*(i)=\theta(i)$。(4)当满足 $q(i)=0$ 和 $V_0^{(1)}(i)>V_0^{(2)}(i)$ 的时候，如果 $r_0^{(2)}(i)\in[0,\theta(i)]$，则 $r_0^*(i)=r_0^{(2)}(i)$；如果 $r_0^{(2)}(i)\leqslant 0$，则 $r_0^*(i)=0$；如果 $r_0^{(2)}(i)\geqslant\theta(i)$，则 $r_0^*(i)=\theta(i)$。

- 步骤4'：分配与定价。在最优供给策略 $r^*(i)$ 的条件下，利用自适应拍卖系统1或2❶决定停车许可证的最优分配与定价，$i=i+1$。
- 步骤5'：更新。通过式(5-2)～式(5-5)计算 $q(i)$ 和 $g(i)$；利用步骤4'中确定的停车许可证最优分配结果更新 $\mu(i)$。如果 $i=I$，则计算结束；否则，返回步骤3'。

此处需要注意的是，尽管理论上不能保证最优控制策略的唯一性，但是管理者通过上述计算流程至少会得到一个最优控制策略。其中，自适应拍卖系统1或2的计算流程可见第3章或Wang等[120]。此外，通过上述步骤3'中的描述，可得如下重要结论：当满足 $r_+^*(i)\notin[0,\theta(i)]$（或 $r_0^*(i)\notin[0,\theta(i)]$）的条件时，停车许可证的最优供给策略 $r_+^*(i)$（或 $r_0^*(i)$）将会在0和 $\theta(i)$ 中选择直线距离更近的点。对此结论的合理性进行如下分析：

在 $q>0$ 的情况下，根据式(5-33)、式(5-34)，可得式(5-35)～式(5-36)：

$$q=\frac{-r^*2s\lambda(\varepsilon^2p^2+\sigma^2)+g+2s\lambda\varepsilon^2p^2}{1+2sk_1} \tag{5-35}$$

$$g=r^*2s\lambda(\varepsilon^2p^2+\sigma^2)-2s\lambda\varepsilon^2p^2+(1+2sk_1)q \tag{5-36}$$

将式(5-33)、式(5-34)代入式(5-23)可得式(5-37)：

$$V_A=a(r^*)^2+br^*+c \tag{5-37}$$

式中，变量 a、b 和 c 分别表示为式(5-38)～式(5-40)：

$$a=\frac{8\lambda^2s^2(1+2sk_1+2s^2k_1^2)(\varepsilon^2p^2+\sigma^2)^2}{(1+2sk_1)^2}- \tag{5-38}$$

$$b=\frac{4s\lambda(\varepsilon^2p^2+\sigma^2)\begin{bmatrix}g-q+s(4\lambda\varepsilon^2p^2-6k_1q)+\\4s^2k_1(2\lambda\varepsilon^2p^2-3k_1q)+\\8s^3k_1^2(\lambda\varepsilon^2p^2-k_1q)\end{bmatrix}}{(1+2sk_1)^2} \tag{5-39}$$

$$c=\frac{g^2+4s\lambda\varepsilon^2p^2(g+s\lambda\varepsilon^2p^2)}{(1+2sk_1)^2}+4s\begin{pmatrix}s\lambda^2\varepsilon^4p^4-\lambda q\varepsilon^2p^2\\-2sk_1\lambda q\varepsilon^2p^2\\+k_1q^2+sk_1^2q^2\end{pmatrix}+q^2 \tag{5-40}$$

根据式(5-38)可知 $a>0$。同时，通过分析可知式 $a(r^*)^2+br^*+c=0$ 的解总是存在

---

❶ 此处使用的主要为自适应拍卖系统1，其拥有多项式型最坏算法时间复杂度。虽然此场景中考虑了用户在停车时间模式方面的选择偏好，但由于所有的停车时间模式中的停车开始时间均为 t，因此停车许可证的种类是非常有限的，与扩展模型A所述场景截然不同，更详细的论述见5.3.3节末尾。

的。因此，只要式(5-38)、式(5-39)中所有的变量和参数均为实数，则式(5-41)总是成立的。

$$b^2 - 4ac = -\frac{16s^2\lambda^2 (g + q + 2sk_1 q)^2 (\varepsilon^2 p^2 + \sigma^2)^2}{(1 + 2sk_1)^2} \leqslant 0 \tag{5-41}$$

综上所述，可知如果 $r_+^* \notin [0,\theta]$(或 $r_0^* \notin [0,\theta]$)，则 r_+^*(或 r_0^*)自然会取到距离其更近的边界点，即 0 或 θ，这点即为停车许可证最优供给策略，同时这个点也会使得最优值函数值最小。

此外，关于停车许可证的动态最优供给策略，还需要给出以下三点很重要的论述。

①在时刻 $t-\Delta t$ 的拍卖中，用户只能选择开始停车时刻为 t 的停车许可证，对于任一停车设施，其种类数量为$(K-1)$，其中 K 为到管控期末存在的单位停车时间段数量。而扩展模型 A 所述场景中，对于任一停车设施，其种类数量为 $K(K-1)/2$。由此可知，本章场景中可选择的停车时间模式的数量非常有限且易于枚举，与基础模型中所述场景较为接近，但与扩展模型 A 中所述场景完全不同。同时，根据第 3 章的分析可知，自适应拍卖系统 1 的最坏算法时间复杂度是多项式。所以，在时刻 $t-\Delta t$ 利用自适应拍卖系统 1 很容易得到开始停车时刻为 t 的停车许可证的最优分配和定价结果，具有现实的可操作性。②在时刻 $t-\Delta t$ 的拍卖中，所有停车许可证都拥有相同的停车开始时刻 t，用户只可以自由地选择停车结束时间和停车设施。因此，在一天内所有的拍卖过程中，任一种类的停车许可证只会被出售一次，用户不用在参加停车许可证购买时间点问题上进行选择。所以，在时刻 $t-\Delta t$，对于每个用户的支配战略即为真实地反映自身对某些停车许可证的评价额度。综上所述，本章所设计的机制不同于以往的动态拍卖机制[评述详见 Wang 等(2018)[127]]。③用户在每个时刻可以自由地选择是否购买停车许可证。在该机制下，参与停车许可证竞争的用户根据自身效用最大化原则来选择停车时间模式和停车设施。同时，利用自适应拍卖系统 1 所得的价格具有防止策略性操作的重要性质。因此，在停车许可证的竞价过程中，每个用户所采用的支配策略即能真实地反映自身对某些停车许可证的评价额度，用户并不会被管理者强迫遵循系统最优。

5.4 案例分析

5.4.1 数值设定

本节将通过数值试验来验证理论上得到的停车许可证动态最优供给策略的实施效果。如图 5-1 所示，选择北京市商务中心区(CBD)进行数值分析，此区域面积约为 0.6km^2。在此范围内，约有 15000 个停车泊位，其中有 9000 个是可预约停车泊位，其余 6000 个是不可预约停车泊位。当前，现实中用户将通过某些线上线下一体化(O2O)平台预约停车泊位，例如：PP 停车或 EZ 停车等。为了能够准确地评价停车许可证动态最优控制策略的实施效果，数值试验将管控总区间$[0,T]$设定为 7:00—21:00。单位停车时间段 Δt 被设定为 15min，因此可预约停车时间模式种类总数为 56 个。根据《2019 北京市交通发展年度报告》[200]、《北京停车资源普查报告》[12]和丁浣等[201]可知：在此区域，高峰时段的最大停车巡航时间为25～

30min，同时，交通流量与停车需求的时变图如图 5-2 所示，用户对于停车许可证的评价额度是从 10～100 元的随机数，其他参数的数值设定见表 5-2。此外，自适应拍卖系统 1 的计算误差为 Matlab 设定的默认值 10^{-5}。

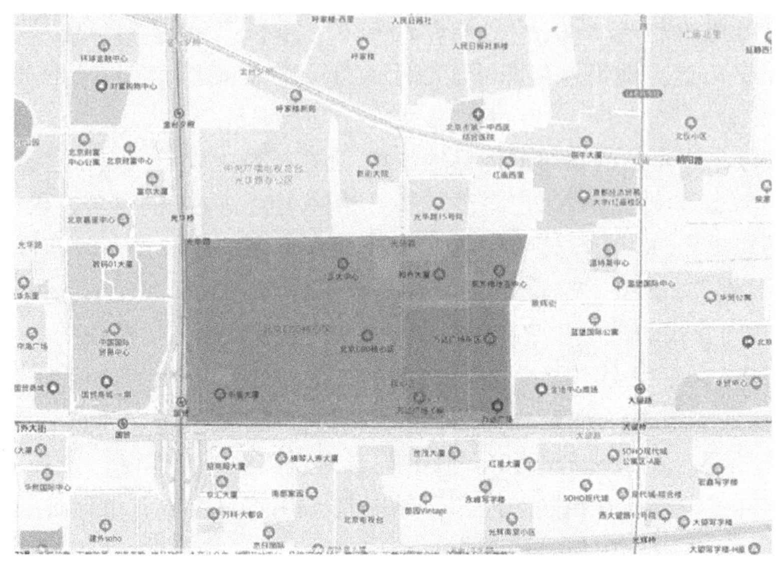

图 5-1　数值试验区域（北京市 CBD）

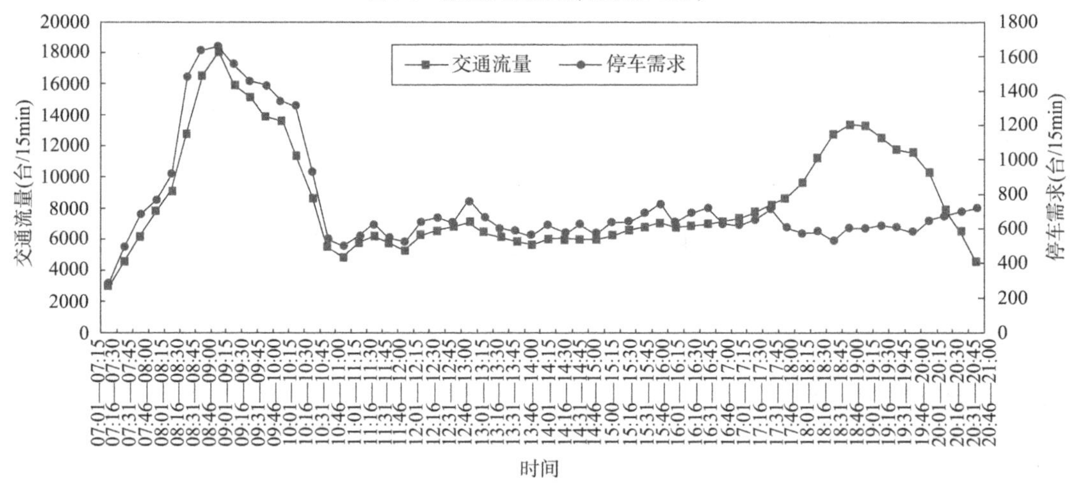

图 5-2　数值试验区域的交通流量与停车需求时变图

数 值 设 定　　表 5-2

参数	k_1	k_2	σ	ε	p	$\mu(0)$
数值	0.1	0.1	0.2～0.5	0.05	0%～100%	9000

5.4.2　动态最优供给策略 vs. 完全供给策略

图 5-3 为可预约停车泊位的实时利用情况。由图可知，可预约停车泊位剩余容量 $\mu(t)$ 先是在早高峰时段随时间推移快速下降，而后除了 12:00 前后有少许恢复外，其余时间均在一个较低的数值（500 个以下）附近随时间轻微波动，直到晚高峰时段后再次上升。结合

图 5-3 和图 5-4a)所示试验结果可得以下三个重要结论:①在早高峰时段之前和晚高峰时段过后的一段时间内,当剩余的可预约停车泊位数量较多(2500 个以上)时,停车许可证的最优供给比例一般为 100%。这是因为剩余的可预约停车泊位数量足以应对停车许可证用户早到或晚离开停车设施的不确定性,停车许可证用户一般不会出现排队等待现象。②在 9:01—9:15,停车许可证的最优供给比例为 0%,这意味着当前剩余的可预约停车泊位数量极低,不足以应对停车许可证用户早到或晚离开的不确定性,同时停车巡航时间很短。③当剩余的可预约停车泊位数量在一定水平(500 个左右)时,停车许可证的最优供应比例会随时间大幅波动,这是管理者在反复权衡停车许可证用户排队等待时间和其他用户停车巡航时间对系统总时间损失的"贡献程度"的结果。

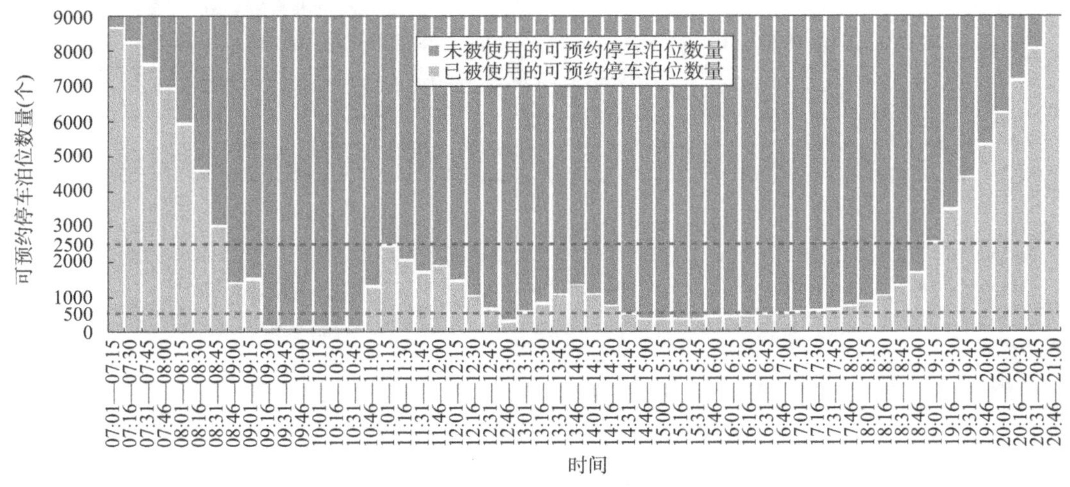

图 5-3 可预约停车泊位的实时利用情况

停车许可证的动态最优供应策略与完全供应策略的对比分析如图 5-4 所示,其中浅灰色线代表本书提出的动态最优供给策略,黑色线代表传统的完全供给策略。试验结果表明:①尽管动态最优供给策略与完全供给策略之间的显著差异仅占整个管控总时间段的 40% 左右,但系统总时间损失的差异是很大的。②在前 8 个时段(即 7:00—9:10),两种供给策略下的系统总时间损失的曲线基本重合,但在之后的大部分时间内,动态最优供给策略下的总损失时间都低于完全供给策略情况。③据统计,动态最优供给策略可以使区域内每位停车用户减少约 6.8min 的时间损失。

为了证明上一段落结论③的鲁棒性,本书进行了 10000 个样本的蒙特卡洛试验。表 5-3 表示为在不同停车许可证用户行为不确定性水平下的动态最优供给策略和传统完全供给策略下人均时间损失之差。其中,非占优比例指的是:动态最优供给策略下的人均时间损失大于传统完全供给策略下人均时间损失 1min 以上。从试验结果分析可得出以下重要结论:①随着停车许可证用户行为不确定性水平的提高,相较传统完全供给策略,动态最优供给策略的优势越来越明显。②在表 5-3 中所列的停车许可证用户行为不确定性水平条件下依然存在非占优情况。③随着停车许可证用户行为不确定性水平的提高,非占优情况的比例越来越低,这意味着动态最优供给策略的实施效果越来越好。

非占优情况的产生可能有以下两个原因:①尽管研究按照逻辑设定了假定最优值函数,

并且得到了其中待估参数的解析解。但依旧无法得知最优值函数的真实形式。②由于不确定性的存在,因此任何人都无法预知路网中下一时刻发生的真实情况,管理者也只能把握不确定项的期望值和标准差。

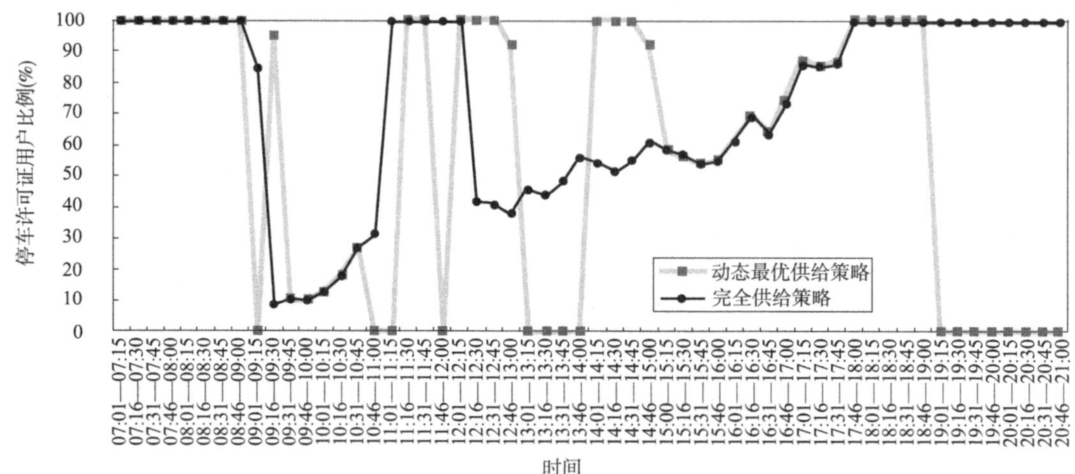

a)供给策略

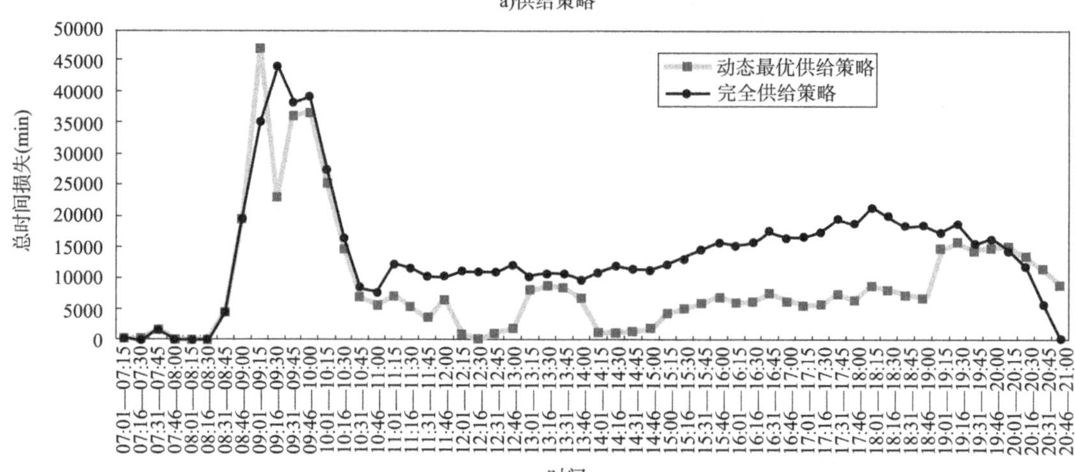

b)系统总时间损失

图 5-4　动态最优供给策略与完全供给策略

表 5-3　不同不确定性水平下的动态最优供给策略与传统完全供给策略产生的时间损失之差(10000 次试验,单位:min/人)

项　目	$\sigma=0.2$	$\sigma=0.25$	$\sigma=0.3$	$\sigma=0.35$	$\sigma=0.4$	$\sigma=0.45$	$\sigma=0.5$
期望值	1.13	2.81	4.60	6.93	9.66	12.32	14.90
标准差	2.38	3.29	4.22	5.10	6.07	7.09	7.98
非占优情况比例	17.98%	8.20%	3.82%	1.38%	0.52%	0.16%	0.07%

5.4.3　完全自动驾驶车辆的影响

本节主要目的是分析完全自动驾驶车辆比例(即渗透率)对停车许可证动态最优供给策略和系统总时间损失的影响。从图 5-5 可以得到如下结论:①随着完全自动驾驶车辆比例的增加，动态最优供给策略（浅灰色线）的振荡随着时间的推移愈发强烈。特别是，当所有用户使用的车辆均为完全自动驾驶车辆时（即 $p=0\%$），动态最优控制策略接近"砰—砰控制策略"。这是因为用户停车巡航时间不确定性水平下降的缘故，即式(5-3)等号右侧第二项逐渐消失。②完全自动驾驶车辆比例的增加会降低系统总时间损失（黑色线），这是因为停车巡航时间的不确定性随着完全自动驾驶车辆比例的增加而下降，即引入完全自动驾驶车辆会削弱动态最优供给策略的实施效果。

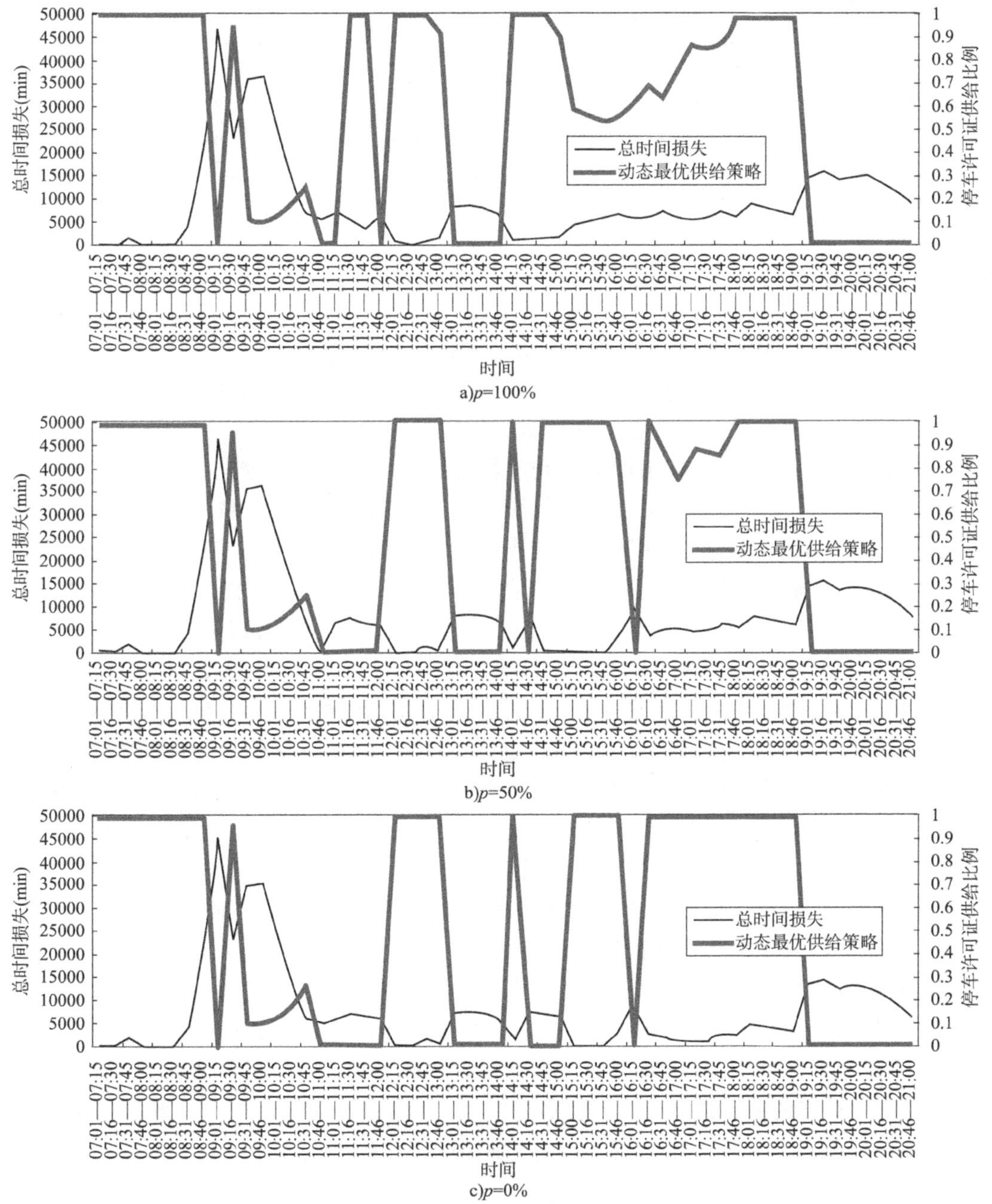

图 5-5 动态最优供给策略与完全供给策略

为了证明图5-5观察结果的鲁棒性,研究进行了10000个样本的蒙特卡洛试验,结果见表5-4。从试验结果可以看出:①随着完全自动驾驶车辆比例的增加,动态最优供给策略和传统完全供给策略下的人均时间损失均会降低。同时,从这一结果可以看出引入完全自动驾驶车辆的优势。②随着完全自动驾驶车辆比例的增加,动态最优供给策略和传统完全供给策略下人均时间损失之差也在减小。这意味着引入完全自动驾驶车辆并提高其占比会削弱动态最优供给策略的实施效果。

不同完全自动驾驶车辆比例下的损失时间(10000次试验,单位:min/人)　　表5-4

项　目	$p=100\%$	$p=75\%$	$p=50\%$	$p=25\%$	$p=0\%$
动态最优策略	9.838	9.830	9.826	9.824	9.812
完全供给	11.020	11.011	10.999	10.996	10.967
差异	1.181	1.181	1.173	1.172	1.155

5.5 本章小结

本书以可预约和不可预约公共停车设施共存的区域为对象,在完全自动驾驶车辆和传统有人驾驶车辆混合交通流的环境下,在停车许可证用户与停车巡航用户停车行为均具有不确定性的基础上提出了停车许可证动态最优供给策略以最小化所有用户的时间损失。此后,再利用自适应拍卖代理系统1即可得到停车许可证的动态最优分配和定价结果。

为此,本书构建了一个随机最优控制模型,其中停车许可证供给量为控制变量,排队等待时间和停车巡航时间为状态变量。在对最优性条件Hamilton-Jacobi-Bellman方程进行分析后,得到了含有偏导数项的动态最优供给策略。针对偏导数项,本书又采用了一种先假定最优值函数形式而后通过推导获得待估参数解析解的方法。最后,以北京市CBD为例,通过蒙特卡洛数值试验对停车许可证的动态最优供给策略的实施效果进行了评价。通过上述理论和实证分析可得以下重要结论:①停车许可证的动态最优供给策略是一个闭环反馈控制策略,是排队等待时间与停车巡航时间的函数。同时,根据排队等待时间是否存在,动态最优供给策略还被分为两种不同的情况。②与传统完全供给策略相比,动态最优供给策略可以显著降低系统总时间损失,特别是在停车许可证用户行为不确定性水平较高的情况下又不。③动态最优供给策略的实施效果随着完全自动驾驶车辆比例的增加而降低。④停车许可证动态最优供给策略并不总是优于传统完全供给策略,特别是在停车许可证用户与停车巡航用户行为不确定性水平很低的情况下。

与既有研究成果相比,研究提出的动态最优供给策略实现了停车许可证的动态供给,对Yang等[126]和Wang等[128-130]中提出的停车许可证静态最优供给策略方面的研究进行了补充。在本书成果的基础上,利用新型拍卖机制即可实现停车许可证的动态最优分配与定价,与Wang等[127]提出的瓶颈通行许可证的多时间点交易市场机制相比,本策略无须逐周期(Period-to-period)迭代计算即可实现系统总时间损失期望值最小化。

第6章 停车许可证交易市场对网络交通流和温室气体排放的影响

6.1 适用场景

6.1.1 变量和参数

由于本章节出现的变量和参数较多,并且有可能与其他章节重叠和冲突,所以在此需要将本书第6章中出现的所有变量和参数进行总结,以方便读者理解和查询。同时,表6-1中所示变量和参数的意义对本书第6章适用。

第六章中变量和参数的意义　　表6-1

变量和参数	意　义
t	时刻
Z	共享停车泊位提供者种类集合
R	理性共享停车泊位提供者(以下简称“理性提供者”)
N	幼稚共享停车泊位提供者(以下简称“幼稚提供者”)
E	预期
$p_R^E(t)$	理性提供者对时刻t的成交价格预期
$p_N^E(t)$	幼稚提供者对时刻t的成交价格预期
$p(t)$	时刻t的停车许可证成交价格
p^*	停车许可证价格的均衡解
s	供给曲线斜率
d	需求曲线斜率
k	潜在共享停车泊位需求量
$S(t)$	时刻t的交易市场总供给量
$S_R(t)$	时刻t理性提供者的共享停车泊位总供给量
$S_N(t)$	时刻t幼稚提供者的共享停车泊位总供给量
$q_R(t)$	时刻t理性提供者的市场占比
$q_N(t)$	时刻t幼稚提供者的市场占比
$m(t)$	时刻t两类提供者的市场占比差
m^*	市场占比差的均衡解
$\hat{\pi}_R(t)$	时刻t理性提供者的认知净利润
$\hat{\pi}_N(t)$	时刻t幼稚提供者的认知净利润

续上表

变量和参数	意　　义
$\pi_R(t)$	时刻 t 理性提供者的期望净利润
$\pi_N(t)$	时刻 t 幼稚提供者的期望净利润
ε_R	理性提供者的认知误差项
ε_N	幼稚提供者的认知误差项
η_R	理性提供者的交易成本
η_N	幼稚提供者的交易成本
μ_R	理性提供者的预测成本
μ_N	幼稚提供者的预测成本
δ	非同步更新系数
γ	提供者选择强度
γ_{PC}	临界提供者选择强度(共享停车泊位交易系统)
γ_{TC}	临界提供者选择强度(网络交通流系统)
n	两条路径的集合
Q	总交通需求
$Q_V(t)$	时刻 t 的私家小汽车需求
$Q_P(t)$	时刻 t 的公共交通需求
$\hat{c}_1(t)$	用户对路径 1 时刻 t 的认知出行成本
$\hat{c}_2(t)$	用户对路径 2 时刻 t 的认知出行成本
$c_1(t)$	用户对路径 1 时刻 t 的期望出行成本
$c_2(t)$	用户对路径 2 时刻 t 的期望出行成本
$f_1(t)$	路径 1 时刻 t 的交通流量
$f_2(t)$	路径 2 时刻 t 的交通流量
$\rho_1(t)$	用户时刻 t 选择路径 1 出行的比例
$\rho_2(t)$	用户时刻 t 选择路径 2 出行的比例
ξ_1	用户对路径 1 的认知误差项
ξ_2	用户对路径 2 的认知误差项
θ	用户选择强度
ϕ	用户对出行前一日的期望出行成本信息的依赖强度
$g_1(t)$	时刻 t 路径 1 的实际出行成本
$g_2(t)$	时刻 t 路径 2 的实际出行成本
$\boldsymbol{J}_Z$	均衡点处的雅克比矩阵(共享停车泊位交易系统)
$\boldsymbol{J}_n$	均衡点处的雅克比矩阵(网络交通流系统)
λ_{11}	雅克比矩阵特征值 1(共享停车泊位交易系统)
λ_{12}	雅克比矩阵特征值 2(共享停车泊位交易系统)

续上表

变量和参数	意　义
λ_{21}	雅克比矩阵特征值1(网络交通流系统)
λ_{22}	雅克比矩阵特征值2(网络交通流系统)
τ	无限小的正数
L_p	停车许可证价格的李雅普诺夫指数
L_m	两种提供者比例差的李雅普诺夫指数
L_Z	共享停车泊位交易系统的李雅普诺夫指数
L_1	路径1的李雅普诺夫指数
L_2	路径2的李雅普诺夫指数
L_n	网络交通流演化系统的李雅普诺夫指数

6.1.2 交通网络

本书的交通网络如图6-1所示,所有用户从出发地前往目的地的出行存在两种交通方式:小汽车和公共交通。但由于共享停车泊位数量有限,没有预约到共享停车泊位的用户只得选择公共交通至公交站,而后利用步行/非机动车等手段到达目的地。预约到共享停车泊位的用户则使用小汽车出行,在选择路径出行后将车停放在共享停车泊位,而后利用步行/非机动车前往目的地。

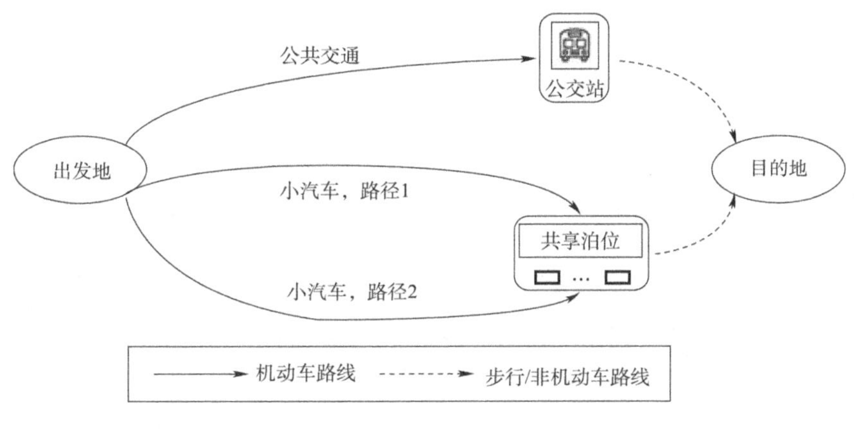

图6-1　交通网络

6.1.3 交通行为主体

1)平台管理者

政府职能部门为共享停车泊位的网上交易搭建平台,平台管理者(以下简称“管理者”)的主要目的是解决停车难问题进而实现社会福利的最大化。为此,管理者预先收集共享停车泊位提供者(如居住小区的业主)的闲置停车资源,再通过网络交易平台向用户(即通勤、通学等共享停车泊位使用者)出售共享停车泊位停车许可证。共享停车泊位停车许可证(以下简称“停车许可证”)即在指定的时间段与指定的共享停车泊位位置才可停车的权利。

若要实现社会福利最大化下的停车许可证最优分配和定价，管理者依然可采用第 3 章提出的改良型升价拍卖代理系统、调优法、自适应拍卖系统 1 和 2，以取代现实可操作性不强的维克瑞拍卖机制和算法时间复杂度较高的传统拍卖机制。同时，第 3 章也已经在理论上证明了相较传统机制，新型拍卖机制除了可大幅降低算法的最坏和一般时间复杂度外，还可简化用户原本繁杂的交易手续，在停车资源的最优分配与定价领域具有现实的可操作性。

2)共享停车泊位提供者

共享停车泊位提供者(以下简称“提供者”)的主要目的是为了利用闲置停车资源获得收益，若其对下一时刻市场中的预期收益较低，则提供者可以选择不参与交易市场，即拒绝提供私人停车泊位作为共享停车泊位。因此，提供者在每个时间点参与和退出交易市场是自由的，同时市场中的共享停车泊位供给总量也会随之变化。此外，由于成交价格与预测价格之差是逐日变化的，同时每种预期方式的成本与效果也不同，因此提供者总是会优先选择能够实现自身收益最大化的预期方式。综上所述，提供者并不是逐日同质的，他们对于收益的预期方式是逐日变化的，即共享停车泊位交易市场中存在两种或两种以上异质性预期提供者。

为了可以定量挖掘异质性预期提供者的存在对网络交通流的影响且尽可能获得简单的结果、不失一般性，第 6 章假设交易市场中存在两种预期方式，即提供者可考虑选择以下两种方式预测交易当天的价格：可准确预见交易当天成交价格的理性预期方式与只能利用交易前一天成交价格的幼稚预期方式(以下分别称使用这两种预期方式的提供者为“理性提供者”和“幼稚提供者”)。两种提供者在市场中的占比即可反映出共享停车泊位交易系统的演化阶段，即接近均衡状态的距离(详见 Hommes[202])。由于提供者对于收益的预期方式是逐日变化的，因此两种提供者在市场中的占比也是动态变化的。同时，为使得模型更能反映现实，此处认为所有提供者的收益预期方式并非逐日同步更新，即决策具有一定的惯性。另外，若提供者有意向参与交易市场，则需要在用户出行前一天向管理者提供共享停车泊位的具体位置和停车时间窗等详细信息。

3)用户

在出行前一天，用户需要通过共享停车泊位交易平台购买出行当天的停车许可证。出行当天，所有用户需从出发地出发而后使用公共交通或小汽车完成出行，因此依据不同的出行方式，可划分为公共交通用户与小汽车用户。由于所能提供的共享停车泊位数量有限，社会又不接受违法停车，所以预约到共享停车泊位(即持有停车许可证)的用户，才可以驾驶小汽车出行，并且需要进行路径选择。而没有预约到共享停车泊位(即未持有停车许可证)的用户，只能使用公共交通出行。上述场景符合我国大城市城市中心的停车供需现状。即虽然路网提供了两种出行方式，但实际上用户并没有主动地进行出行方式的选择，而是受到目的地周边停车泊位数量的制约。由此可知，提供者参与共享停车泊位交易市场的行为，会在很大程度上影响用户出行方式的选择，进而影响各条路径上的小汽车交通流量和出行成本。相反，用户对出行方式和路径的选择结果及其所产生的出行成本，并不会影响下一时刻的提供者行为，除非管理者采取了极为特殊的调控策略。

此外,需要对未预约到共享停车泊位或未拥有小汽车而只能使用公共交通的用户进行以下两点说明:①因为未拥有小汽车而只能乘坐公共交通的用户,并不会参与共享停车泊位的竞争,因而对共享停车泊位的市场供需及各路径上小汽车交通流的动态演化结果没有影响,只会单纯地增加公共交通的用户数量。因此,这些用户的出行并不纳入第6章的研究对象当中。②与小汽车用户出行行为一样,公共交通用户同样也会面临路径(如公共交通线路)选择,但由于其理论基础与分析过程和小汽车用户的路径选择行为极为相似,仅在实际项目分析时使用的表征人流量与拥挤成本的函数形式不同而已,因此限于篇幅,文中不再赘述。

6.2 共享停车泊位交易市场的逐日演化模型

6.2.1 两类提供者的市场行为

根据6.1.3节的设定,市场中存在理性提供者和幼稚提供者。前者具有完美的预见能力(详见 Brock 和 Hommes[203]),即与用户均衡(User Equilibrium)原则中的用户具有同样的性质,对其 t 时刻的收益预期方式描述如下:

$$p_R^E(t) = p(t) \tag{6-1}$$

式中,$p_R^E(t)$ 为理性提供者(用下角标 R 表示)对 t 时刻市场中共享停车泊位成交价格的预期值(用上角标 E 表示);$p(t)$ 表示 t 时刻市场中共享停车泊位的成交价格。

对于幼稚提供者,其根据 $t-1$ 时刻的市场信息预测成交价格,具体的预测方式可由下式描述:

$$p_N^E(t) = p(t-1) \tag{6-2}$$

式中,$p_N^E(t)$ 为幼稚提供者(用下角标 N 表示)对 t 时刻市场中共享停车泊位成交价格的预期值,其计算的方式是直接利用 $t-1$ 时刻市场中共享停车泊位的成交价格 $p(t-1)$。

t 时刻市场中共享停车泊位的总供给量 $S(t)$ 是两类提供者提供的共享停车泊位数量 $S_R(t)$ 和 $S_N(t)$ 之和。其中,每类提供者提供的数量为其在市场中的占比、供给函数斜率与其预期价格的乘积。同时,不失一般性,研究假设供给函数的性质为单调递增且线性,因此可得下式:

$$S(t) = S_R(t) + S_N(t) = q_R(t)sp_R^E(t) + q_N(t)sp_N^E(t) = q_R(t)sp(t) + q_N(t)sp(t-1) \tag{6-3}$$

式中,$s>0$ 为供给函数斜率,即价格上涨一个单位时共享停车泊位供给的增加量,同时由于是在同一个市场中,两种提供者仅是对交易当天成交价格的预期方式不同,因此计算两种供给量时所用的斜率 s 是一致的;$q_R(t)$ 和 $q_N(t)$ 为在 t 时刻理性提供者与幼稚提供者在交易市场中的比例。

为计算比例,首先定义两类提供者的认知净利润 $\hat{\pi}_Z$:

$$\hat{\pi}_Z(t) = \pi_Z(t) + \varepsilon_Z \qquad Z \in \{R,N\} \tag{6-4}$$

式中,Z 代表两类提供者的集合;ε_Z 为随机误差项,它们相互独立且均服从期望值为0

的 Gumbel 分布；期望净利润 π_Z 定义如下：

$$\pi_Z(t) = p(t)sp_Z^E(t) - \eta_Z - \mu_Z \qquad Z \in \{R,N\} \tag{6-5}$$

此处的 η_Z 分别指理性提供者、幼稚提供者与管理者之间的交易成本（例如：提供者向平台上传相关信息的成本等）。除此之外，每种类型的提供者还必须要为预测价格付出一定的成本 μ_Z（例如：关注平台成交价格、分析市场基本面等）。在收入中除去上述两种成本，剩余部分就是净利润 π_Z。综上所述，两类提供者在 t 时刻市场中的比例是由多项式 Logit 模型决定的。同时，本书还考虑了更加实际的场景，即并非所有的提供者都同步更新原有的预测方式［详见 Hommes 等[204]］，在此条件下，两类提供者在 t 时刻的比例可由下式定义：

$$q_Z(t) = (1-\delta)\frac{\exp[\gamma\pi_Z(t)]}{\exp[\gamma\pi_R(t)] + \exp[\gamma\pi_N(t)]} + \delta q_Z(t-1) \qquad Z \in \{R,N\} \tag{6-6}$$

式中，γ 为提供者选择强度，其与随机误差项 ε_Z 的方差呈负相关，表征提供者对净利润的敏感程度，即当其值增大时，提供者整体的理性程度也增加，更加能够识别和选择最优的预测方式；δ 为非同步更新系数，$\delta \in [0,1]$ 为提供者在 t 时刻坚持采用 $t-1$ 时刻的决策而拒绝更新的比例，非同步更新描述了提供者决策中的惯性特征，当 $\delta = 0$ 时，整个模型就退回到了同步更新的传统形式。

6.2.2 市场均衡

由 6.1.3 节的场景设定可知，管理者在确定共享停车泊位停车许可证的分配和定价时，使用的是拍卖机制。又依据第 3 章的分析可知，改良型升价拍卖代理系统不仅可以实现令社会福利最大化的多类型停车许可证的最优分配和定价，而且手续简便且具有防止策略性操作的重要性质，同时与完全竞争市场中利用供需曲线分析所得到的均衡结果［式(6-7)］完全一致［详细分析见 Demange 等[168]、Wang 等(2020)[120] 和王鹏飞等[123]］。即改良型升价拍卖代理系统在保留传统升价拍卖机制优良性质的基础上提升了机制的现实可操作性。因此，本书可等价地使用供需曲线对交易市场中共享停车泊位数量与定价的动态变化进行理论分析。

与供给函数一致，第 6 章也假定需求曲线的性质为单调递减且线性，则 t 时刻的市场供需均衡可描述如下，其中式(6-7)左侧为需求函数，右侧为供给函数。由此可知，价格 $p(t)$ 是使得部分提供者和用户可以接受，共享停车泊位供需达到平衡的价格。

$$k - dp(t) = q_R(t)sp_R^E(t) + q_N(t)sp_N^E(t) = q_R(t)sp(t) + q_N(t)sp(t-1) \tag{6-7}$$

式中，$k>0$ 为潜在共享停车泊位需求量；$d>0$ 为需求函数斜率，即价格下降一个单位时共享停车泊位需求的增加量。为降低模型维度，研究引入 t 时刻两类提供者在市场中所占比例之差 $m(t)$（以下简称“占比差”）进行建模：

$$m(t) = q_R(t) - q_N(t) \tag{6-8}$$

将式(6-8)带入式(6-7)，可得 t 时刻的市场均衡价格 $p(t)$：

$$p(t) = \frac{k - q_N(t)sp(t-1)}{d + q_R s} = \frac{2k - (1-m(t))sp(t-1)}{2d + (1+m(t))s} \tag{6-9}$$

同时，将式(6-6)带入式(6-8)则得到两种类型提供者的占比差 $m(t)$：

$$m(t) = \tanh\left[\frac{\gamma}{2}(\pi_R(t-1) - \pi_N(t-1))\right] \tag{6-10}$$

综上所述,共享停车泊位交易系统具有价格与占比差两个维度。

6.2.3 均衡点的性质

本节需要分析均衡点的存在性、唯一性和稳定性。当系统趋向于均衡时,市场中的共享停车泊位价格与两类提供者的占比差将不再发生变化,以此为依据,求解以下联立方程组(6-11):

$$\begin{cases} p = \dfrac{2k-(1-m)sp}{2d+(1+m)s} \\ m = \tanh\left[\dfrac{\gamma}{2}(\pi_R - \pi_N)\right] \end{cases} \tag{6-11}$$

可得唯一的均衡解,即均衡价格 p^* 和均衡占比差 m^*:

$$\begin{cases} p^* = \dfrac{k}{d+s} \\ m^* = \tanh\left[-\dfrac{\gamma}{2}(\eta_R - \eta_N + \mu_R - \mu_N)\right] \end{cases} \tag{6-12}$$

通过上述分析可得如下重要结论:①均衡解存在且唯一;②均衡解同潜在共享停车泊位需求量 k、需求函数斜率 d、供给函数斜率 s、提供者选择强度 γ、交易成本 η_Z、预测成本 μ_Z 有关,而与非同步更新系数 δ 无关。

最后,需要分析均衡点的稳定性。稳定性取决于式(6-11)构成的雅克比矩阵 $\boldsymbol{J}_Z$ 在均衡点处的特征值,为此,首先列出均衡点处的雅克比矩阵:

$$\boldsymbol{J}_Z = \begin{bmatrix} \dfrac{\partial F_p}{\partial p} & \dfrac{\partial F_p}{\partial m} \\ \dfrac{\partial F_m}{\partial p} & \dfrac{\partial F_m}{\partial m} \end{bmatrix} = \begin{bmatrix} -\dfrac{(1-m^*)s}{2d+(1+m^*)s} & \dfrac{2s(p^*(d+s)-k)}{[2d+(1+m^*)s]^2} \\ 0 & \delta \end{bmatrix} \tag{6-13}$$

其中,

$$\begin{cases} F_p(p,m) = \dfrac{2k-(1-m)sp}{2d+(1+m)s} \\ F_m(p,m) = \tanh\left[\dfrac{\gamma}{2}(\pi_R - \pi_N)\right] \end{cases} \tag{6-14}$$

经计算可知两个特征值为:

$$\begin{cases} \lambda_{11} = \dfrac{-(1-m^*)s}{2d+(1+m^*)s} \\ \lambda_{12} = \delta \end{cases} \tag{6-15}$$

由各参数和变量的定义域可知两个特征值的范围为:$\lambda_{11} \in (-s/d, 0)$ 和 $\lambda_{12} \in [0,1]$。由一阶差分方程的稳定性判据可知,需要进行如下分类讨论:

①若 $s \leqslant d$,则 $\lambda_{11} \in (-1,1)$,共享停车泊位交易系统可无条件实现渐进稳定。

②若 $s > d$,则需要在 $\lambda_{11} > -1$ 成立的条件下,共享停车泊位交易系统才能实现渐进稳

定状态。利用式(6-15)将 $\lambda_{11} > -1$ 进行等价变换即可得到式(6-16):

$$\tanh\left[\frac{\gamma}{2}(\eta_R - \eta_N + \mu_R - \mu_N)\right] < \frac{d}{s} \tag{6-16}$$

此处,由 tanh 函数性质可知,式(6-16)左侧恒为正数的条件为:$\eta_R + \mu_R > \eta_N + \mu_N$,即理性提供者的交易与预测成本之和大于幼稚提供者,而这在现实世界中是十分合理的;式(6-16)右侧恒小于1。因此,若 $\eta_R + \mu_R > \eta_N + \mu_N$ 成立,则一定存在临界提供者选择强度 γ_{PC}[式(6-17),此处的"P"表示 Parking,"C"表示 Critical],它使得共享停车泊位交易系统在 $\gamma < \gamma_{PC}$ 条件下实现渐进稳定,而在 $\gamma \geqslant \gamma_{PC}$ 条件下出现分岔或混沌现象。此处式(6-17)中的"-1"表示的是反函数。

$$\gamma_{PC} = \frac{2\tanh^{-1}(d/s)}{\eta_R - \eta_N + \mu_R - \mu_N} \tag{6-17}$$

③在行为更新强度 $\delta = 1$ 的极端情况(即所有的提供者永远不更新自己的决策方式)下,特征值 $\lambda_{12} = 1$,系统[式(6-9)、式(6-10)]会出现跨临界分岔现象,即两个稳态"重合"并交换稳定性时的现象(具体判定条件见第4章)。综上所述,共享停车泊位交易市场的特性(d 与 s 的相对大小)和提供者行为($\eta_R + \mu_R$ 与 $\eta_N + \mu_N$ 的相对大小,$\gamma < \gamma_{PC}$ 或 $\gamma \geqslant \gamma_{PC}$)决定了共享停车泊位交易系统处于何种状态。但通过上述理论分析只能得到具体的均衡解及其处于渐进稳定状态的条件,而不能获知系统分岔和混沌现象的特征(例如:当提供者选择强度 γ 处于何值时,系统进入分岔和混沌状态等),因此只能通过数值试验(详见6.6节)展示系统的分岔与混沌现象特征。

在本书中,分岔即倍周期收敛,指的是当共享停车泊位交易系统的演化达到均衡状态时,均衡价格、均衡占比差、均衡公交和小汽车需求在若干个具体数值之间呈现周期性取值的特征。对此现象,管理者通过长期的观测,即可抓住系统演变的规律,进而提出应对措施。混沌是发生在确定性系统中貌似随机的不规则运动现象,并且具有不可预测、不可重复等特征。在共享停车泊位交易系统中,混沌现象指的是当系统的演化达到均衡状态时,均衡价格、均衡占比差、均衡公交和小汽车需求会在一个范围内呈现貌似随机的不规则取值特征,即周期数趋向于无穷大。此现象的出现,会大幅度增加交通管理的难度。

6.3 网络交通流的逐日演化模型

6.3.1 用户的路径选择模型

由6.1.3节的场景设定和上述分析可知,若用户总数(交通需求)为 Q,则没有预约到共享停车泊位且需要利用公共交通的用户数量 $Q_P(t)$,预约到共享停车泊位而驾驶小汽车出行的用户数量 $Q_V(t)$ 可由下式计算得出:

$$\begin{cases} Q_V(t) = q_R(t)sp_R^E(t) + q_N(t)sp_N^E(t) \\ Q_P(t) = Q - Q_V(t) = Q - (q_R(t)sp_R^E(t) + q_N(t)sp_N^E(t)) \end{cases} \tag{6-18}$$

由此可知,需要进行路径选择出行的小汽车用户数量 $Q_V(t)$ 是逐日变化的,并且变化的原因是出行目的地周边共享停车泊位数量的变化,这与刘诗序等[141]在研究目的和内容上具有本质的区别。同时,依据6.1.3节的设定,本书不考虑公共交通用户的路径选择行为,因为理论上公共交通用户的流量分配均衡解性质与小汽车用户是一致的。综上所述,以下分析只面向小汽车用户两条路径上的流量及出行成本。

依据随机效用理论(详见 Daganzo 和 Sheffi[205]),用户对路径1与路径2(为简化模型表达,使用 $n=1,2$)的期望出行成本 $c_n(t)$ 的认知是存在误差 ξ_n 的,故将认知出行成本 $\hat{c}_n(t)$ 定义如下:

$$\hat{c}_n(t) = c_n(t) + \xi_n \qquad n \in \{1,2\} \tag{6-19}$$

与随机误差项 ε_Z 的性质相同,式(6-19)中的 ξ_n 也是相互独立而且均服从期望值为0的Gumbel分布,因此用户在 t 时刻两条路径上的交通流量 $f_n(t)$ 是由多项式 Logit 模型决定的:

$$f_n(t) = Q_V(t)\rho_n(t) \qquad n \in \{1,2\} \tag{6-20}$$

其中,比例 $\rho_n(t)$ 可由下式计算得出:

$$\rho_n(t) = \frac{\exp[-\theta c_n(t)]}{\exp[-\theta c_1(t)] + \exp[-\theta c_2(t)]} \qquad n \in \{1,2\} \tag{6-21}$$

式中,θ 为用户选择强度,与随机误差项 ξ_n 的方差呈负相关,表示用户对出行路径成本的敏感程度,即当其值增大时用户整体的理性程度也增加,能够更加准确地识别和选择最优路径出行。

根据 Cantarella 和 Cascetta[206]的研究成果,用户 t 时刻的期望出行成本 $c_n(t)$ 是由 $t-1$ 时刻的期望出行成本 $c_n(t-1)$ 和 $t-1$ 时刻的实际出行成本 $\bar{c}_n(t-1)$ 两部分组成的。并且这两部分可用对(出行前一日的期望出行成本)信息依赖强度 ϕ 和 $1-\phi$ 来描述,即采用一种偏误纠正的学习方式:

$$c_n(t) = \phi c_n(t-1) + (1-\phi)\bar{c}_n(t-1) \qquad n \in \{1,2\} \tag{6-22}$$

式中,$\bar{c}_n(t-1)$ 定义如下:

$$\bar{c}_n(t-1) = g_n(f_n(t-1)) = g_n(Q_V(t-1)\rho_n(c_1(t-1),c_2(t-1))) \qquad n \in \{1,2\} \tag{6-23}$$

此处 $g_n(f_n(t-1))$ 为用户 $t-1$ 时刻的出行成本函数,同时假设其是只与流量 $f_n(t-1)$ 有关的函数,并且为连续可微的严格单调递增函数。

6.3.2 均衡点的性质

与6.2.3节内容相似,本节也需要分析平衡点的存在性、唯一性和稳定性。首先需要将动态演化模型[式(6-21)、式(6-22)]转化为如下方程组进行求解:

$$\begin{cases} c_1 = \phi c_1 + (1-\phi) g_1(Q_V\rho_1(c_1,c_2)) \\ c_2 = \phi c_2 + (1-\phi) g_2(Q_V\rho_2(c_1,c_2)) \end{cases} \tag{6-24}$$

由于出行成本函数 $g_n(Q_V\rho_n(c_1,c_2))$ 在理论分析中没有设定具体的表现形式,因此无法通过6.2.3节所示的直接推导解析解的方法来确定均衡解的存在性和唯一性。对此,Cantarella 和 Cascetta[206]以一般交通网络为对象已经证明了均衡点的存在性和唯一性。此处由于篇幅有限,且本章的主要目的是挖掘共享停车泊位交易系统对网络交通流系统的影响机理,因此本章对此证明过程不再赘述。

最后,需要分析均衡点的稳定性。与6.2.3节所示方法一致,首先需要求解均衡点处的雅克比矩阵$\boldsymbol{J}_n$的特征值,为此列出均衡点处的雅克比矩阵:

$$\boldsymbol{J}_n=\begin{bmatrix}\dfrac{\partial F_1}{\partial c_1} & \dfrac{\partial F_1}{\partial c_2}\\ \dfrac{\partial F_2}{\partial c_1} & \dfrac{\partial F_2}{\partial c_2}\end{bmatrix}=\begin{bmatrix}\phi-(1-\phi)Q_V g'_1\rho'_1 & (1-\phi)Q_V g'_1\rho'_2\\ (1-\phi)Q_V g'_2\rho'_1 & \phi-(1-\phi)Q_V g'_2\rho'_2\end{bmatrix} \tag{6-25}$$

其中,

$$\begin{cases}F_1(c_1,c_2)=\phi c_1+(1-\phi)g_1(Q_V\rho_1(c_1,c_2))\\ F_2(c_1,c_2)=\phi c_2+(1-\phi)g_2(Q_V\rho_2(c_1,c_2))\end{cases} \tag{6-26}$$

$$g'_1=\left.\frac{\mathrm{d}g_1}{\mathrm{d}f_1}\right|_{f_1^*},g'_2=\left.\frac{\mathrm{d}g_2}{\mathrm{d}f_2}\right|_{f_2^*},\rho'_1=-\left.\frac{\partial\rho_1}{\partial c_1}\right|_{(c_1^*,c_2^*)},\rho'_2=-\left.\frac{\partial\rho_2}{\partial c_2}\right|_{(c_1^*,c_2^*)} \tag{6-27}$$

其中,“ * ”表示均衡解,且$\rho'_1=\rho'_2$,经计算可知两个特征值为:

$$\begin{cases}\lambda_{21}=\phi\\ \lambda_{22}=\phi-(1-\phi)(g'_1+g'_2)\rho'_1 Q_V\end{cases} \tag{6-28}$$

由各参数和变量的定义域可知,两个特征值的范围为:$\lambda_{21}\in[0,1]$和$\lambda_{22}\in(-\infty,1]$。因此,不难得到网络交通流逐日演化动态系统在均衡点处的稳定性条件为:

$$\phi-(1-\phi)(g'_1+g'_2)\rho'_1 Q_V>-1 \tag{6-29}$$

若将式(6-29)进行等价变化,则可得下式:

$$(g'_1+g'_2)\rho'_1<\frac{1+\phi}{(1-\phi)Q_V} \tag{6-30}$$

此处,由于$g'_1>0,g'_2>0,\rho'_1>0,Q_V>0$,因此式(6-30)左右两侧均为正数。由上述稳定性判据可知:当网络交通流系统满足下述条件时,均衡点容易处于渐进稳定状态:①出行成本对路径流量不太敏感,即g'_1和g'_2不大。②路径选择概率对出行成本不太敏感,即ρ'_1不大。③小汽车需求不高,即Q_V不大。否则,系统就可能会出现分岔或混沌现象。同时,还可知在信息依赖强度$\phi=1$的极端情况(即完全不依赖前一天的实际出行成本)下,特征值$\lambda_{21}=1$,系统[式(6-21)、式(6-22)]会出现跨临界分岔现象(具体判定条件见6.4节)。

在网络交通流系统中,分岔指的是当系统的演化达到均衡状态时,各路径上的均衡流量和均衡出行成本在若干个具体数值之间呈现周期性取值的特征。混沌现象指的是当系统的演化达到均衡状态时,各路径上的交通流量和出行成本会在一个范围内呈现貌似随机的不规则取值特征,即周期数趋向于无穷大。

6.3.3 共享停车泊位交易系统对网络交通流系统的影响机理

由6.2.3节可知,共享停车泊位交易系统处于渐进稳定状态的条件需要进行分类讨论,即分为$s\leqslant d$和$s>d$两类。当$s\leqslant d$时,共享停车泊位交易系统无条件处于渐进稳定状态。若将式(6-12)带入式(6-30),则网络交通流系统的稳定性条件式(6-30)可以等价转化为式(6-31):

$$(g'_1 + g'_2)\rho'_1 < \frac{(1+\phi)(d+s)}{(1-\phi)sk} \tag{6-31}$$

由式(6-3)和式(6-12)可知,若共享停车泊位潜在需求量 k 不大,供给曲线斜率 s 不大,需求曲线斜率 d 较大,则共享停车泊位的成交量不大,导致高峰时段均衡小汽车需求不高,网络交通流系统的唯一均衡解容易实现渐进稳定状态。否则,系统将可能出现分岔或混沌现象。

当 $s>d$ 时,则在 $\eta_R+\mu_R>\eta_N+\mu_N$ 的前提下,γ 必须满足式(6-16),即 $\gamma\leqslant\gamma_{PC}$。此处,若将式(6-16)进行等价变换后可得到式(6-32):

$$d + s = 2d + s\left[1 - \tanh\left(\frac{\gamma}{2}(\eta_R - \eta_N + \mu_R - \mu_N)\right)\right] + \tau \tag{6-32}$$

其中,$\tau\geqslant 0$。若将式(6-32)带入式(6-31)则可得式(6-33):

$$(g'_1 + g'_2)\rho'_1 < \frac{(1+\phi)\left\{2d + s\left[1 - \tanh\left(\frac{\gamma}{2}(\eta_R - \eta_N + \mu_R - \mu_N)\right)\right] + \tau\right\}}{(1-\phi)sk} \tag{6-33}$$

由上述分析可知,若式(6-33)成立,则网络交通流系统对所有的信息依赖强度 ϕ 都可以实现渐进稳定状态,因此,式(6-33)是网络交通流系统可以实现渐进稳定状态的充分条件。

判断条件式(6-33)最显著的特点就是把共享停车泊位交易系统与网络交通流系统紧密地连接在一起。由各参数取值范围可知,①若满足 $\eta_R+\mu_R$ 并非远大于 $\eta_N+\mu_N$,则更多的提供者倾向于选择高性价比的理性预期方式,则网络交通流系统容易实现渐进稳定状态。②若满足 $\eta_R+\mu_R>>\eta_N+\mu_N$,则更多的提供者倾向于选择低成本的幼稚预期方式,则网络交通流系统容易出现分岔或混沌现象。③若提供者选择强度 γ 变小,则理性预期与幼稚预期两种方式被选择的概率相当,网络交通流系统容易实现渐进稳定状态。④若提供者选择强度 γ 变大,即随机效用理论中的误差项变小,则提供者会更加精确地选择对自己有利的预期方式,导致市场总体预期总是在均衡解附近往复运动,则网络交通流系统容易出现分岔或混沌现象。

综上所述,理论上一定存在临界提供者选择强度 γ_{TC}[式(6-34)中,“T”表示 Traffic,“C”表示 Critical,“-1”表示的是反函数]使得当 $\gamma<\gamma_{TC}$时,网络交通流系统是渐进稳定的;当 $\gamma\geqslant\gamma_{TC}$时,网络交通系统则出现分岔或混沌现象。

$$\gamma_{TC} = \frac{2\tanh^{-1}\left[1 - \frac{sk(1-\phi)(g'_1 + g'_2)\rho'_1 - (2d+\tau)(1+\phi)}{s(1+\phi)}\right]}{\eta_R - \eta_N + \mu_R - \mu_N} \tag{6-34}$$

式中,τ 可由式(6-32)计算得出。

结合式(6-17)和式(6-34),将共享停车泊位交易市场特性和提供者行为对网络交通流系统的影响总结如下:①若 $s\leqslant d$,共享停车泊位交易系统可无条件实现渐进稳定状态;网络交通流系统若满足式(6-31)则可实现渐进稳定状态,否则系统会出现分岔或混沌现象。②若 $s>d$,当 $\gamma<\min\{\gamma_{PC},\gamma_{TC}\}$ 时则两个系统均实现渐进稳定状态;当 $\gamma\geqslant\max\{\gamma_{PC},\gamma_{TC}\}$ 时则两个系统均出现分岔或混沌现象。此处需要注意的是,若共享停车泊位交易系统不为渐进稳定状态,则不可以通过上面一系列条件进行判断。

若共享停车泊位交易系统并非处于渐进稳定状态,由分岔和混沌两种现象的特征可知,共享停车泊位价格、提供者占比差以及共享停车泊位供给量是在一定的范围内周期性取值,同时周期亦可为无穷大。因此,有极大可能出现由于共享停车泊位供给量较大,导致均衡小汽车需求较大的情况,此时网络交通流系统也会因此出现分岔与混沌状态。由此可知,共享停车泊位交易市场的特性和提供者的行为将在很大程度上影响着网络交通流系统的逐日演化的最终状态。

6.4 系统演化状态分析

由非线性动力学理论可知,当两个逐日演化系统不满足式(6-16)和式(6-33)所示的稳定性条件时,则系统将会出现分岔或者混沌状态。根据混沌理论(详见刘宗华[207]),当系统的李雅普诺夫指数大于0时,系统才会进入混沌状态。因此,本章将会对系统的最终演化状态的划分提供理论判据。

对于共享停车泊位交易系统(与6.2节符号一致,用下角标Z表示此系统)而言,存在两个李雅普诺夫指数L_p和L_m,它们分别表示共享停车泊位价格p和占比差m两个维度的状态发散平均指数速率:

$$\begin{pmatrix} L_p \\ L_m \end{pmatrix} = \lim_{t\to\infty}\frac{1}{t}\ln|\mathrm{eig}(\boldsymbol{J}_Z(t))| = \lim_{t\to\infty}\frac{1}{t}\ln|\mathrm{eig}(\boldsymbol{J}_Z(t-1)\cdot\boldsymbol{J}_Z(t-2)\cdots\boldsymbol{J}_Z(0))| \tag{6-35}$$

式中,eig(·)表示雅克比矩阵的特征值。在这两个维度上,需要取最大李雅普诺夫指数L_Z对系统演化的最终状态进行判断:

$$L_Z = \max(L_p, L_m) \tag{6-36}$$

对于网络交通流系统而言(与6.3节符号一致,用下角标n表示此系统),也存在两个李雅普诺夫指数L_1和L_2,他们分别表示路径1和路径2上交通流量两个维度的状态发散平均指数速率:

$$\begin{pmatrix} L_1 \\ L_2 \end{pmatrix} = \lim_{t\to\infty}\frac{1}{t}\ln|\mathrm{eig}(\boldsymbol{J}_n(t))| = \lim_{t\to\infty}\frac{1}{t}\ln|\mathrm{eig}(\boldsymbol{J}_n(t-1)\cdot\boldsymbol{J}_n(t-2)\cdots\boldsymbol{J}_n(0))| \tag{6-37}$$

同时,也要取最大李雅普诺夫指数L_n对系统演化的最终状态进行判断:

$$L_n = \max(L_1, L_2) \tag{6-38}$$

综上所述,以均衡点的稳定性条件和李雅普诺夫指数为双判断标准,则两个系统演变的最终状态可分为8种(表6-2)。对此,6.5节将会通过数值试验验证本章所提出的划分标准。

两种系统的逐日动态演化的最终状态划分 表6-2

系　统	演化最终状态	判断条件
共享停车泊位交易系统	稳定均衡点	$\lambda_{11} > -1$ 且 $\lambda_{12} < 1$
	跨临界分岔点	$\lambda_{11} = -1$ 或 $\lambda_{12} = 1$ 且 $L_Z \leqslant 0$
	分岔(倍周期收敛)	$\lambda_{11} < -1$ 且 $L_Z \leqslant 0$
	混沌	$L_Z > 0$

续上表

系　　统	演化最终状态	判断条件
网络交通流系统	稳定均衡点	$\lambda_{21}<1$ 且 $\lambda_{22}>-1$
	跨临界分岔点	$\lambda_{21}=1$ 或 $\lambda_{22}=-1$ 且 $L_n\leqslant 0$
	分岔(倍周期收敛)	$\lambda_{22}<-1$ 且 $L_n\leqslant 0$
	混沌	$L_n>0$

6.5 考虑温室气体排放的有效停车泊位供给策略

正如在6.1.2节中提到的一样，未持有停车许可证的用户不能把他/她的车辆开到目的地附近停放，因为违法停车是不允许的。同时，如果假设停车许可证交易市场中停车需求和供给曲线为线性的，则出行总需求量和停车泊位供给量、公共停车泊位的需求量和供给量、共享停车泊位的需求量和供给量之间的数学关系如下所示：

$$\begin{cases} Q = Q_P + Q_S = d_P\pi_P + d_S\pi_S \\ \mu = \mu_P + \mu_S = \mu_P + k_S\pi_S \end{cases} \tag{6-39}$$

式中，Q_P 和 Q_S 分别表示公共停车泊位和共享停车泊位的需求量；μ_P 和 μ_S 分别表示公共停车泊位和共享停车泊位的供给量；d_P 和 d_S 分别为交易市场中公共停车泊位和共享停车泊位需求函数的斜率；k_S 为交易市场中共享停车泊位供给函数的斜率；π_P 和 π_S 分别为交易市场中公共停车泊位与共享停车泊位的成交价格。另外，6.5节中的下角标"P"和"S"分别表示公共停车泊位和共享停车泊位市场。需要注意的是，这里的交易市场(完全竞争市场)均衡是依靠停车许可证拍卖实现的。因此，有效的共享停车泊位价格(即停车许可证价格)π_S^* 是交易市场中的最小竞争均衡价格，它可以实现市场均衡，并且具有防止策略性操作的重要性质。

现实中，共享停车泊位仅是公共停车泊位的补充，因此管理者首先应充分利用现有的公共停车泊位去满足用户的停车需求。在下述分析中，考虑两种情况：即公共停车泊位的供给大于用户的总停车需求 $\mu_P\geqslant Q_{\max}$ 和公共停车泊位的供给小于用户的总停车需求 $\mu_P<Q_{\max}$。此处，$Q_{\max}$ 为用户总停车需求上限，结合网络交通流系统的稳定性条件[式(6-31)]，其数学表达为 $Q_{\max}=(1+\phi)/(1-\phi)(g'_1+g'_2)p'_1$。

为了避免网络交通流系统出现分岔和混沌现象，有必要对共享停车泊位的供给量进行控制。基于上述分析，下文对共享停车泊位的有效供给量也必须进行分类讨论，如下所示：

$$\begin{cases} \mu_S^* = 0 \quad \text{if} \quad \mu_P \geqslant Q_{\max} \\ \mu_S^* = Q_{\max} - \mu_P \quad \text{if} \quad \mu_P < Q_{\max} \end{cases} \tag{6-40}$$

此后，需要在 $\mu_P\geqslant Q_{\max}$ 和 $\mu_P<Q_{\max}$ 两种情况下分析公共停车泊位和共享停车泊位(即两类停车许可证)的有效价格。若公共停车泊位总量大于用户总停车需求量，即满足 $\mu_P\geqslant Q_{\max}$，则可得公共停车泊位和共享停车泊位的有效价格如下：

$$\begin{cases} \pi_P^* = \dfrac{Q_{\max} - \tau}{d_P} \\ \pi_S^* = 0 \end{cases} \tag{6-41}$$

此处 τ 为一个无限小的正数。在现实中,由于停车泊位的数量是离散的,因此 $\tau=1$。在此情况下,公共停车泊位的供给是十分充足的,因此,共享停车泊位没有必要进行补充。相反,在此情况下,若管理者强行推进共享停车泊位政策,则有可能会引发路网中更加严重的交通拥堵和温室气体排放。

若公共停车泊位总量小于用户总停车需求量,即满足 $\mu_P < Q_{\max}$,则可得公共停车泊位和共享停车泊位的有效价格如下:

$$\begin{cases} \pi_P^* = \dfrac{\mu_P}{d_P} \\ \pi_S^* = \dfrac{Q_{\max} - \tau - \mu_P}{k_S} \end{cases} \tag{6-42}$$

在此情况下,公共停车泊位的供给量是不足的,因此管理者需要在目的地周边鼓励业主提供其私有停车泊位以解决停车难问题。同时,为了避免现有公共停车泊位的浪费,管理者在定价时需要首先保证公共停车泊位的利用率是100%。

6.6 案例分析

6.6.1 数值设定

本节以连接北京市通州区与城市 CBD 大通道的两条并行道路,即京通快速路和建国路(图6-2)的早高峰时段通勤为例进行数值试验。通勤出行的起讫点分别设定为通州北苑和大望桥,且在终点处有大量用地可提供共享停车泊位。其中,京通快速路按城市快速路标准建设,为全立交、全封闭、收费式快速路。在公共交通出行方面,京通快速路配有公交专用车道且公交车拥有独立路权。此外,用户还可使用北京地铁1号线八通线进行通勤。上述场景与6.1.2节所设定的路网结构基本一致。经实地和文献调研,参数设定如表6-3所示。

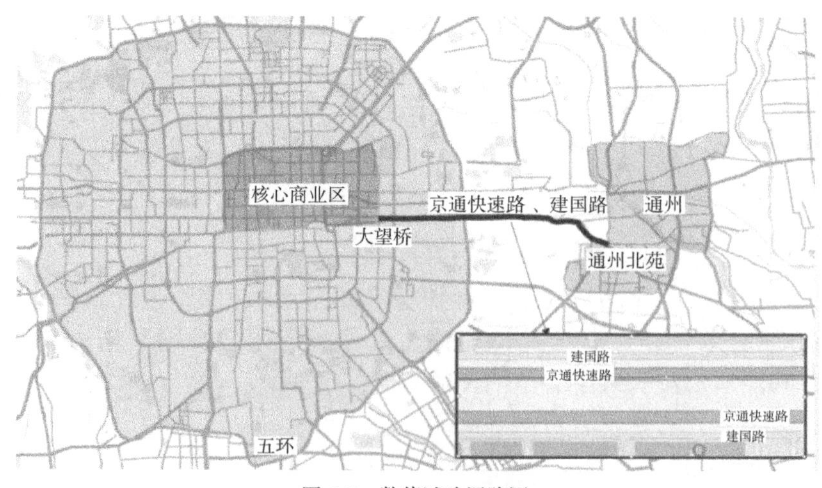

图6-2 数值试验用路网

参数设定　　表6-3

系　　统	变量和参数	意　　义	数　　值
共享停车泊位交易系统	k	潜在共享停车泊位需求	10000 辆
	d	需求曲线斜率	50
	s	供给曲线斜率	30 和 60
	η_R	交易成本(理性)	5 元/辆
	η_N	交易成本(幼稚)	5 元/辆
	μ_R	预测成本(理性)	10 元/辆
	μ_N	预测成本(幼稚)	0 元/辆
	δ	非同步更新系数	0.5
	γ	提供者选择强度	$[0,+\infty)$
	$p(0)$	共享停车泊位价格的初始值	[1,100]的随机数(元)
网络交通流系统	Q	总交通需求	10000 辆
	α	BPR 函数中参数 1	0.15
	β	BPR 函数中参数 2	4
	C_1	通行能力(京通快速路)	4600(辆/h)
	C_2	通行能力(建国路)	3700(辆/h)
	c_{01}	零流出行成本(京通快速路)	24 元
	c_{02}	零流出行成本(建国路)	25 元
	$c_1(0)$	路径 1 期望出行成本的初始值	[40,50]的随机数(元)
	$c_2(0)$	路径 2 期望出行成本的初始值	[40,50]的随机数(元)
	ϕ	(用户对)信息依赖强度	[0,1]
	θ	用户选择强度	$[0,+\infty)$
	—	温室气体排放因子	Matthew and Kanok (2008,2009)[82-83]
	—	起讫点之间距离	14km
数值试验	—	总循环周期数	5000 个
	—	需舍弃的未收敛周期数	4000 个
	$\Delta\gamma$	非同步更新系数运算间隔	7×10^{-7}
	$\Delta\phi$	(用户对)信息依赖强度运算间隔	2×10^{-3}

对数值设定的合理性解释如下:①在共享停车泊位的交易成本方面,理性提供者和幼稚提供者是一致的;但在预测成本上,理性提供者要高于幼稚提供者,这是因为提供者在选择理性预期方式进行决策时需要收集和处理更多信息的缘故。②共享停车泊位的供给曲线斜率分为大于和小于需求曲线斜率两种,这是为了对比分析不同条件下两个系统的最终演化状态。③在通行能力方面,虽然京通快速路相较建国路通行能力大,零流出行成本较小,但因其是收费道路,因此零流出行成本二者相差并不多。

6.6.2 计算过程及试验流程

在数值试验开始前,需要对计算过程进行阐述。图 6-3、图 6-4 中的横轴为提供者选择强度 γ,其变化初始值为 $\gamma=0$,步长为 $\Delta\gamma=7\times10^{-7}$,其值随着试验持续增长至 $\gamma=3.5\times10^{-4}$;同理,图 6-5、图 6-9 中的横轴为用户对信息依赖强度 ϕ,其变化初始值是 $\phi=0$,步长为 $\Delta\phi=2\times10^{-3}$,其值随着试验持续增长至 $\phi=1$。对于任意一个 γ 和 ϕ,都需要进行 5000 个周期的迭代计算以保证两个系统的动态演化已经收敛。同时,为了确保图 6-3 ~ 图 6-9 中展示的为两个系统均已最终收敛的状态,需要去掉前 4000 个周期的循环迭代计算过程的所得结果。为判断两个系统的最终演化状态是否为混沌,除展示系统随各参数的变化之外,还需要计算每个参数组合下的李雅普诺夫指数。除图 6-3 ~ 图 6-5 中的李雅普诺夫指数分析图外,其他系统演化结果均为 500000 个点组成的图形。图 6-8、图 6-9 中的红点是每个用户选择强度下的基于用户均衡原则的网络交通流分配结果。此外,为了更加清楚地对比分析系统在不同参数设定下的分岔与混沌现象,图 6-3 ~ 图 6-9 中所有表示系统演化最终状态的图都以二维形式展示。

还需要对试验流程进行说明。第一,需要对共享停车泊位交易系统的动态演化最终状态进行分析,试验是在不同水平的提供者选择强度 γ 下进行的,主要分析均衡价格、均衡占比差、均衡公交需求随着提供者选择强度 γ 的变化趋势。此处,由于总交通需求为定值,因此均衡公交需求即可直接反映共享停车泊位的均衡成交量(即均衡小汽车需求)。第二,在共享停车泊位交易系统处于稳定状态时的小汽车需求下对网络交通流系统的最终演化状态进行分析,试验是在不同水平的用户对信息依赖强度 ϕ 下进行的,主要分析各路径上小汽车均衡流量随着用户对信息依赖强度 ϕ 的变化趋势。第三,在共享停车泊位交易系统的潜在共享停车泊位需求 k、需求曲线斜率 d 和供给曲线斜率 s 变化下分析网络交通流系统的最终演化状态。第四,在共享停车泊位交易系统呈现混沌状态时,在不同的小汽车需求下对网络交通流系统的最终演化状态进行分析。第五,需要对比动态演化模型和传统用户均衡原则下的路网交通流分配结果和温室气体排放量。第六,从道路网规划设计、交通管理和对共享停车泊位交易市场的监管等三个方面对结果的现实意义进行分析。

6.6.3 结果分析

图 6-3 所示为当满足条件 $\eta_R + \mu_R > \eta_N + \mu_N$ 和 $s < d$ 时($s = 30$ 和 $d = 50$)的共享停车泊位交易市场中均衡价格、均衡占比差、高峰时段均衡公交需求的最终演化结果。通过对图 6-3 分析,可得如下结论:①无论提供者选择强度 γ 处于何值,均衡价格 p^*,均衡占比差 m^*,均衡公交需求 Q_P^*(即共享停车泊位均衡成交量、均衡小汽车需求 Q_V^*)均是唯一且渐进稳定的,同时又由李雅普诺夫指数 L_Z 分析图[图 6-3d)]可知,$L_Z < 0$ 时系统没有进入混沌状态。②无论提供者选择强度 γ 如何变化,均衡价格均为 $p^* = 125$,且与市场基本面分析结果 $k/(d+s) = 125$ 是完全一致的,同时这也与北京市核心商业区一天停放 8h 小汽车的收费额度基本吻合(参照《关于本市道路停车占道费收费标准有关问题的通知(京发改〔2018〕2770号)》[208]),上述结果也在一定程度上验证了表 6-3 中数值设定的合理性。③随着提供者选择强度 γ 的增加,均衡占比差 m^* 从 0.0% 下降至 −100.0%。这说明随着提供者整体理性程度增加,当系统达到均衡状态时,所有提供者都会选择预测成本较低的幼稚预期方法,因为这种成本较低的方法也可以准确地预测到均衡价格。

图 6-4 所示为当 $s > d$ 时($s = 60$ 和 $d = 50$)共享停车泊位交易市场中均衡价格、均衡占比差、高峰时段均衡公交需求的最终演化结果。其中,图 6-4a) ~ c) 为典型的分岔和混沌图,主要目的是说明在同一提供者选择强度 γ 下均衡价格、均衡占比差、高峰时段均衡公

交需求的可能取值。若取值唯一，则说明系统在此参数组合下是渐进稳定的；若取值范围仅限于若干个离散的数值则说明系统出现分岔现象；若取值是一个范围内几乎所有的点则说明系统进入混沌状态。理论上，混沌现象具有遍历性，但因循环迭代计算次数有限，因此结果只能显示有限的点。无论是在理论上还是在数值设定上，$\eta_R+\mu_R>\eta_N+\mu_N$ 几乎是无条件满足的（表6-3），因此此处数值试验不对这部分条件不满足的情况进行探讨。通过对图6-4分析，可得如下结论：①随着提供者选择强度 γ 的增加，均衡价格 p^*，均衡占比差 m^*，均衡公交需求 Q_P^*（即共享停车泊位均衡成交量、均衡小汽车需求 Q_V^*）均出现分岔和混沌现象。同时，由李雅普诺夫指数 L_Z 分析图[图6-4d）]可知，$L_Z>0$ 时系统进入混沌状态。②均衡占比差 m^* 的变化范围随着提供者选择强度 γ 的增加而扩大。③当提供者选择强度 γ 处于较高水平时，系统进入混沌状态。此时，共享停车泊位的成交价格最大变动幅度约为40元，公交流量的最大变动幅度约为2000人，相较图6-3中所示的稳定状态，系统中各元素总体变化幅度在30%左右，这将给网络交通流系统动态演化的最终结果造成较大影响（图6-7）。④上述分岔和混沌现象产生的原因可解释如下：随着提供者选择强度 γ 的增加，提供者就会更加准确地选择对自己最有利的预期方式，如下现象就会随之产生：在靠近稳定均衡解时大量提供者选择成本较低的幼稚预期方式，导致价格逐渐偏离稳定均衡解；当价格远离稳定均衡解时，大量提供者又开始选择成本较高但能够准确预测的理性预期方式以获得准确的成交价格信息。

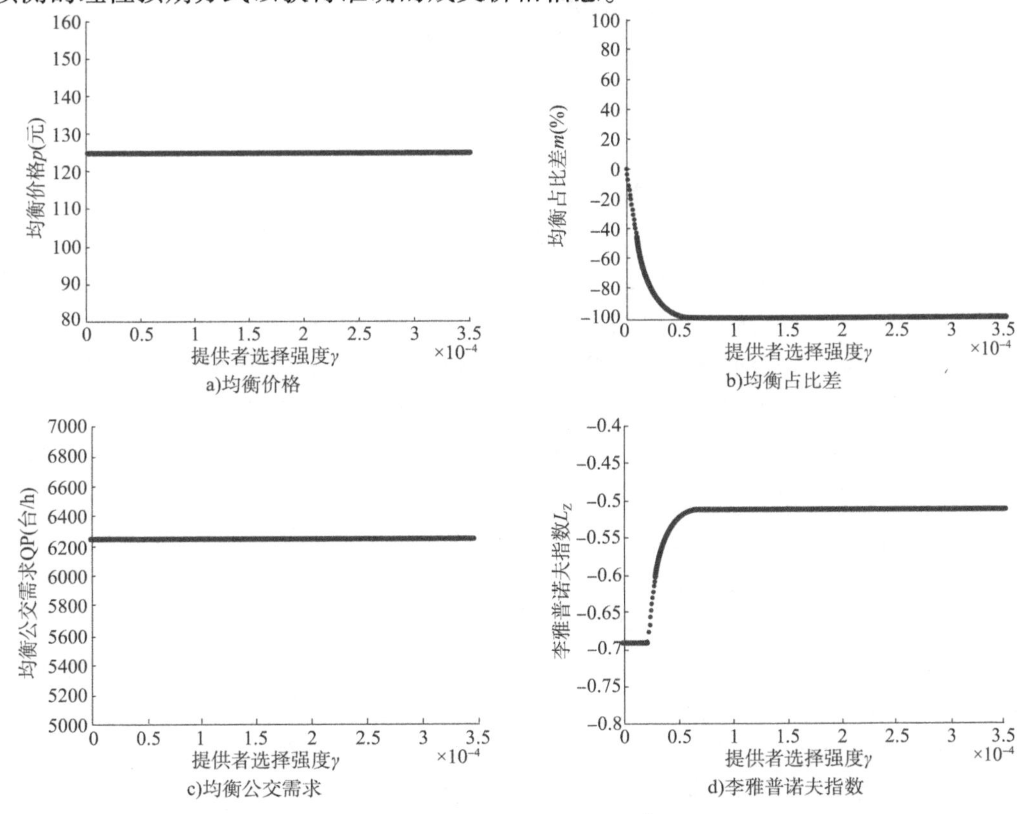

图6-3 共享停车泊位交易系统的动态演化最终状态（渐进稳定）

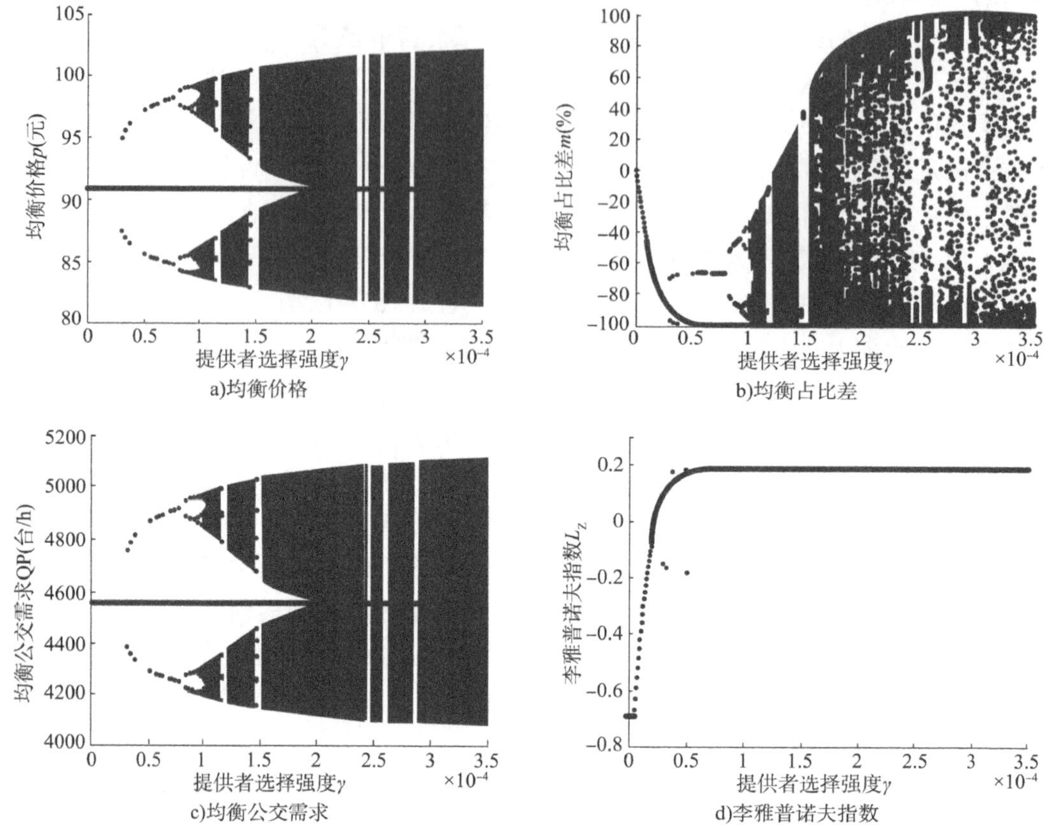

图 6-4 共享停车泊位交易系统的动态演化最终状态(分岔与混沌)

图 6-5 所得结果是在提供者选择强度 γ 处于中间水平下得出的,通过分析可得如下结论:①当用户选择强度处于 $\theta=5$ 的较小值时,随着信息依赖强度 ϕ 的减少,即用户对出行前一天的实际出行成本依赖增加,在 $\phi<0.456$ 条件下系统动态演化的最终状态会从稳定的唯一均衡解逐渐演变为 2 倍周期收敛状态。②当选择强度增加到 $\theta=6$ 和 $\theta=7$ 时,系统在分岔的基础之上会出现周期泡等 3 倍周期收敛现象,这意味着系统存在混沌现象(Li-Yorke Theorem,李－约克定理),其中 2 倍周期收敛分别发生在 $\phi<0.520$ 和 $\phi<0.570$条件下。③当用户选择强度增加到 $\theta=8$ 时,系统在很多信息依赖强度 ϕ 下都会出现混沌现象,其中 2 倍周期收敛发生在 $\phi<0.610$ 条件下,混沌现象则发生在 $\phi<0.350$ 条件下。④随着用户选择强度的进一步提升($\theta=10$),在 $\phi<0.670$ 时系统发生 2 倍周期收敛,在 $\phi<0.470$ 时原有分散的混沌区域逐渐连成片,同时会产生混沌现象的信息依赖强度 ϕ 的取值范围也逐渐变大。⑤李雅普诺夫指数 L_n 只有在系统出现混沌现象时才为正数,当系统处于渐进稳定和分岔现象时则小于 0。综上所述,随着用户选择强度 θ 的提高,触发系统分岔和混沌现象发生的信息依赖强度 ϕ 的取值范围逐渐扩大。在现实中,随着用户对路径选择理性程度的提高,用户对路网情况的熟悉度增强,用户只需依靠自身计算的期望出行成本选择路径,便会使得系统达到渐进稳定的均衡状态,因为随机效用理论[式(6-19)]中的误差项 ξ_n 会随着用户选择强度 θ 的增加变小。相反,若用户增加对前一

日实际出行成本的依赖，则系统容易出现分岔和混沌的现象，这也间接提示了管理者在提供出行历史数据时需要更加谨慎。

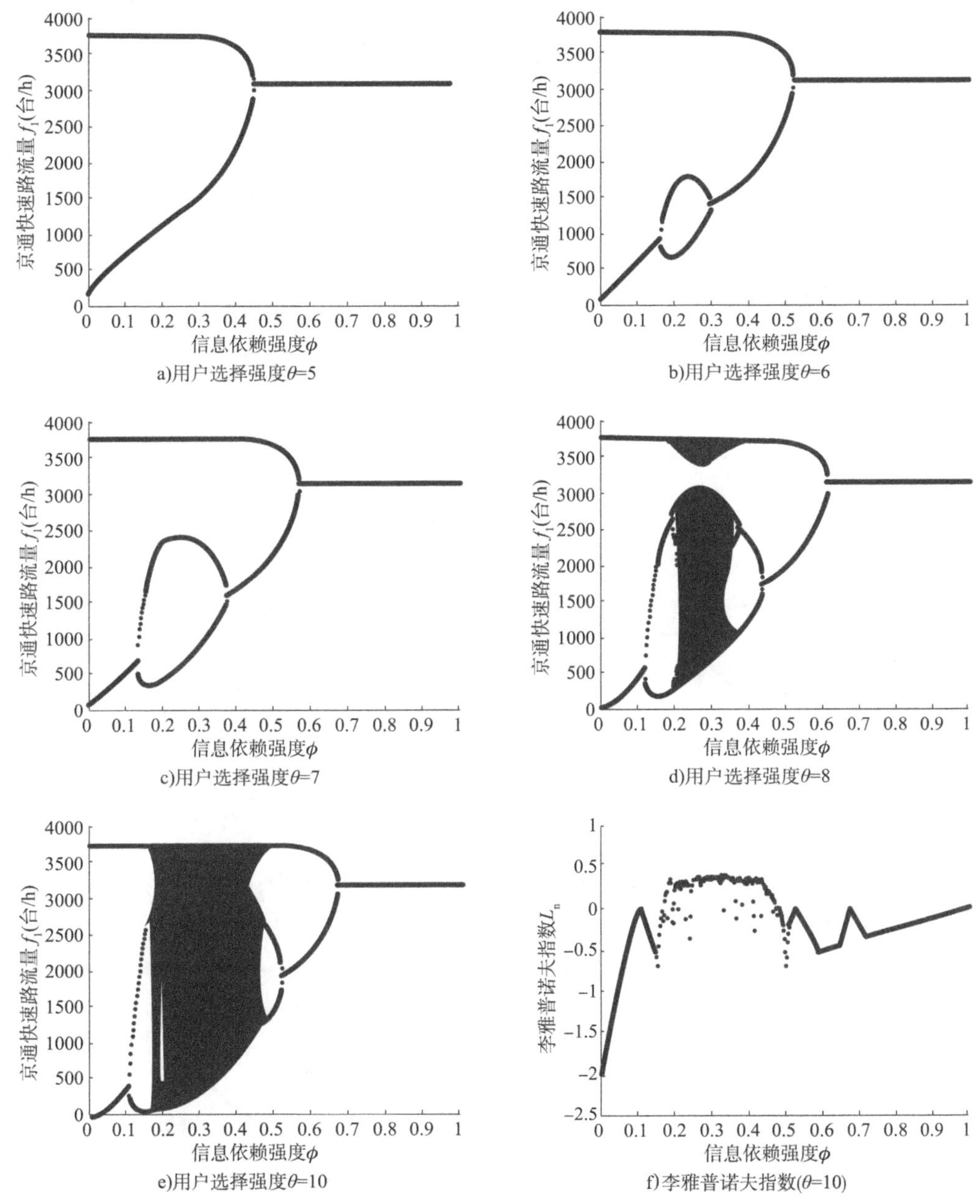

a)用户选择强度θ=5
b)用户选择强度θ=6
c)用户选择强度θ=7
d)用户选择强度θ=8
e)用户选择强度θ=10
f)李雅普诺夫指数(θ=10)

图6-5 网络交通流系统的动态演化最终状态(固定小汽车需求，稳定交易系统)

图6-6是在图6-5e)数值设定的基础上通过分别调整需求函数斜率d、供给函数斜率s和潜在共享停车泊位需求k得到的分析结果，主要目的是研究共享停车泊位交易系统的参数变化如何影响网络交通流系统演化的最终状态。因此，与图6-5e)相比，可得如下结论：①随着需求函数斜率增加(52→55)，系统逐渐由混沌状态演变为分岔状态。②随着供给函数斜率的降低(29→26)，系统混沌状态面积逐渐减少并进入到分岔状态。③随着对共享停车泊位的潜在

需求降低(9900→9600),系统逐渐由混沌状态进入到分岔状态。上述三个参数的变化均直接影响高峰时段均衡小汽车需求 Q_V^* 的数值,Q_V^* 值越低,则交通拥挤程度越低,网络交通流系统对于所有信息依赖强度 ϕ 越容易趋向于渐进稳定状态。即使大量用户存在依赖前一天实际出行成本的出行行为,只要小汽车需求不高,则网络交通流系统就不容易出现分岔与混沌的状态。

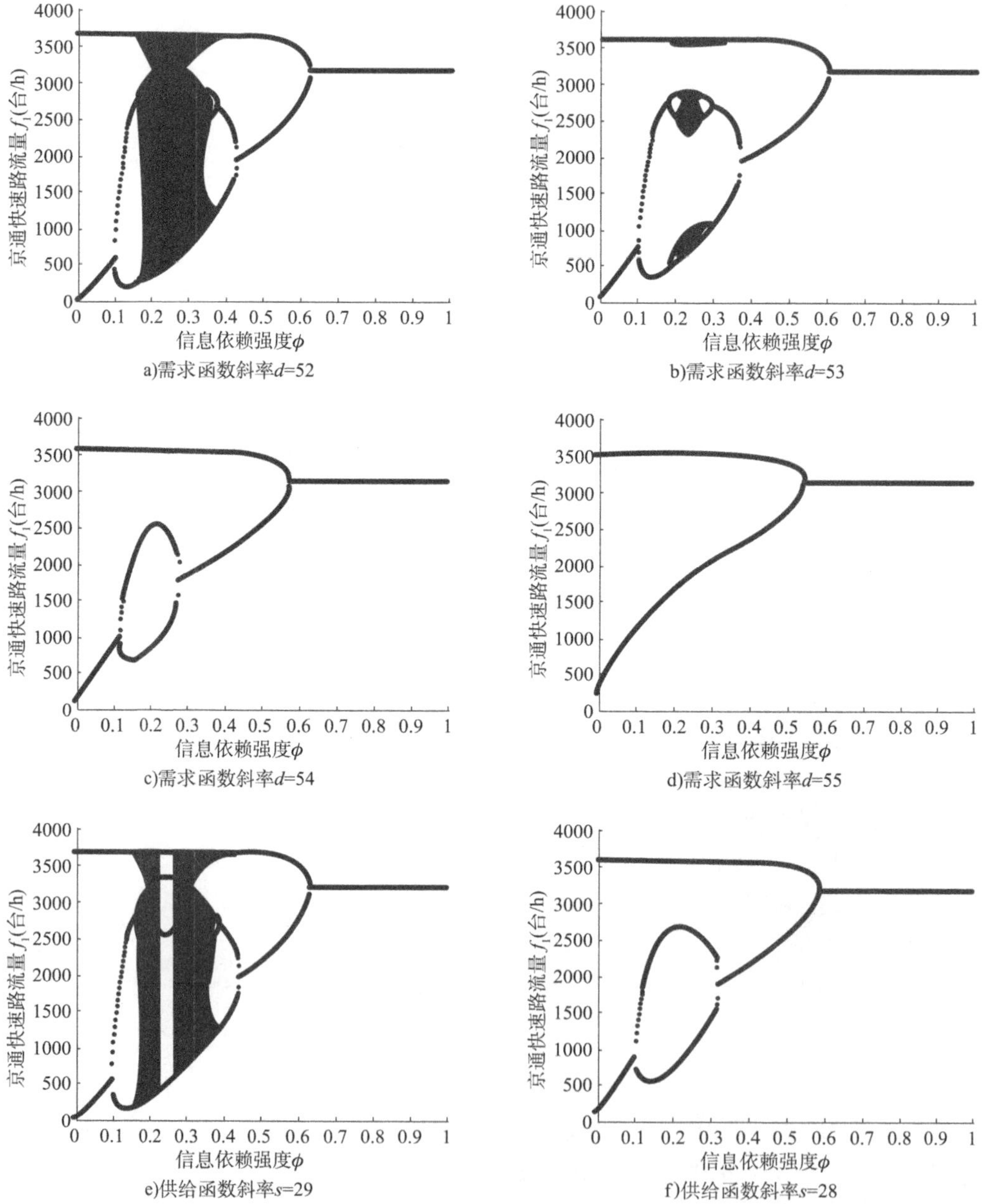

a)需求函数斜率d=52

b)需求函数斜率d=53

c)需求函数斜率d=54

d)需求函数斜率d=55

e)供给函数斜率s=29

f)供给函数斜率s=28

图 6-6

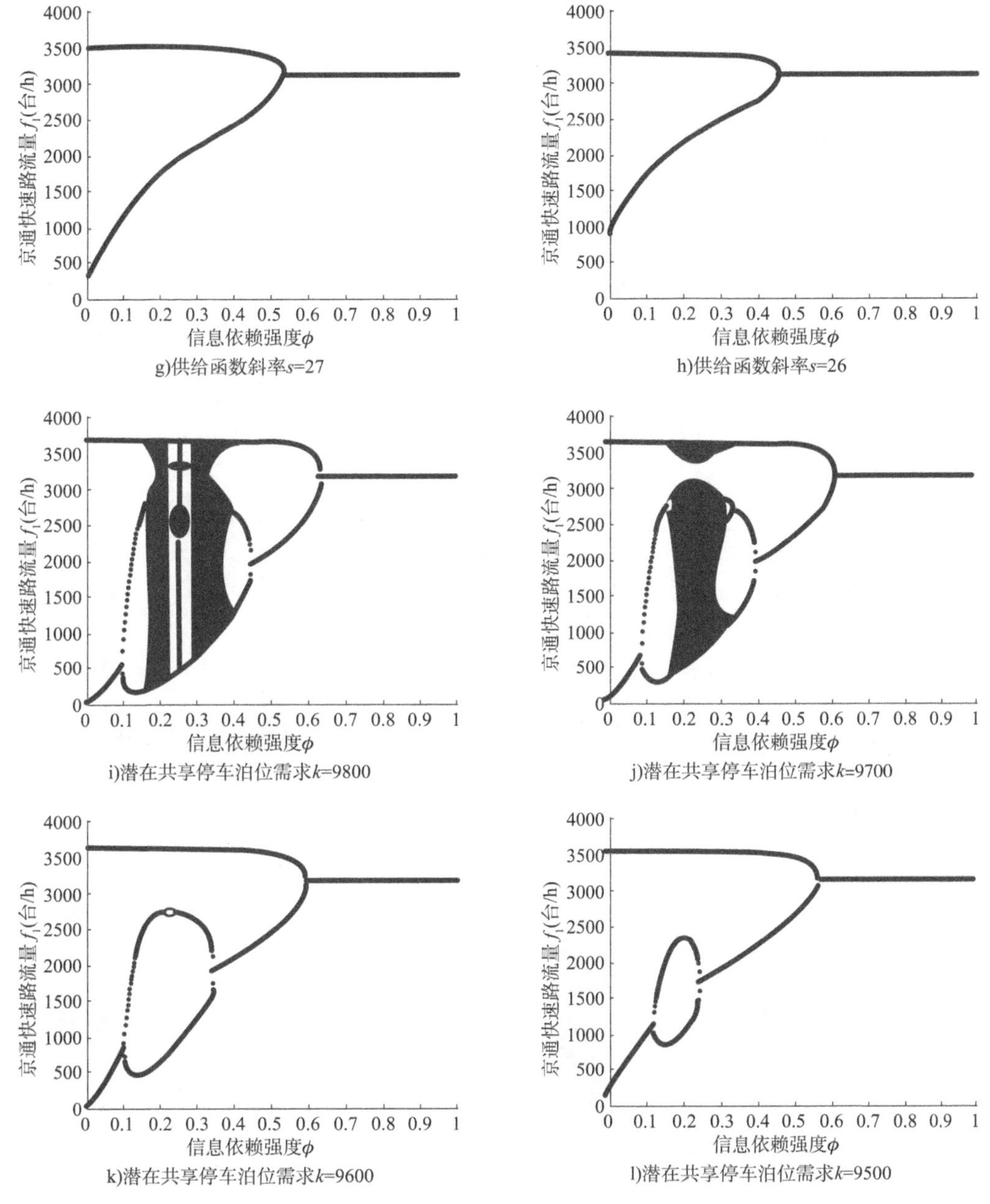

图6-6 网络交通流系统的动态演化最终状态(可变小汽车需求,稳定交易系统)

图6-7是在共享停车泊位交易系统处于混沌状态时各种小汽车需求(即共享停车泊位成交量)水平下的网络交通流逐日演化规律,结合图6-4a)、图6-4c)、图6-5e)可知:①共享停车泊位成交价格在82~102元之间波动,同时由于供给曲线斜率s大于需求曲线斜率d,因此随着停车泊位成交价格的提升,共享停车泊位成交量呈现明显上升趋势。②随着成交价格的攀升,小汽车需求迅速增加,导致网络交通流系统出现混沌现象的条件越来越宽泛,例如当$p^*=102$时,只要满足条件$\phi<0.958$,系统即出现混沌现象。③随着成交价格的增加,混沌现象发生所对应的信息依赖强度ϕ逐渐呈现分散态势,并且分岔幅度已达小汽车需

求上限。这相较共享停车泊位交易系统处于稳定状态时的网络交通流系统的分岔与混沌状态[图 6-5e)]复杂很多,无疑增加了交通拥堵成本和交通管理的难度。

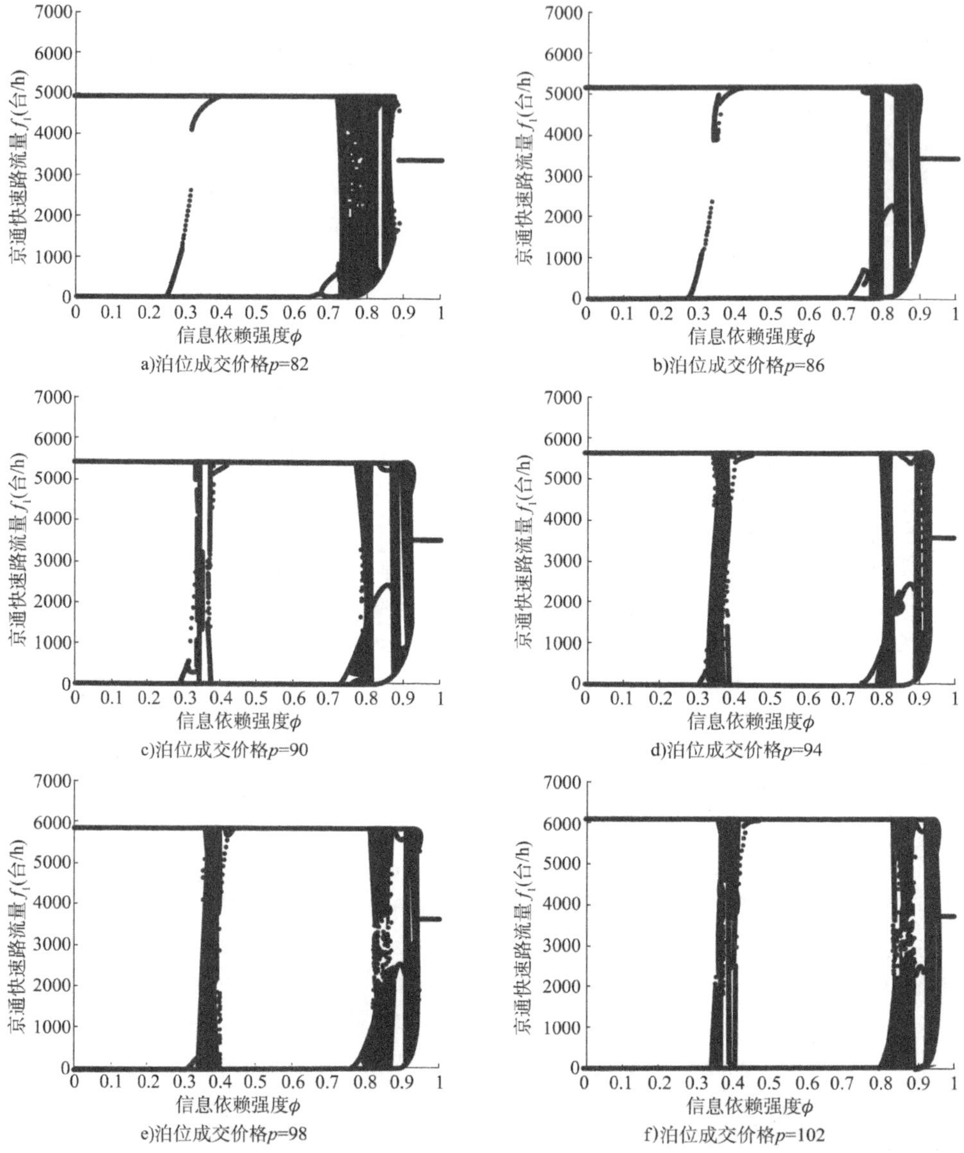

a)泊位成交价格p=82

b)泊位成交价格p=86

c)泊位成交价格p=90

d)泊位成交价格p=94

e)泊位成交价格p=98

f)泊位成交价格p=102

图 6-7　网络交通流系统的动态演化最终状态(可变小汽车需求,混沌交易系统)

图 6-8 比较了动态演化模型和静态用户均衡模型下的温室气体排放量。其中,图中的黑点为动态演化模型下的温室气体排放量,线 1 为静态用户均衡模型下的温室气体排放量。特别是静态用户均衡模型常用于包括温室气体排放在内的交通政策的事前评估。由上述试验结果可得如下结论:①对比图 6-5 可知,如果网络交通流系统出现分岔和混沌,那么温室气体排放量也会出现几乎相同的现象。此外,随着用户选择强度 θ 的增加,出现较高温室气体排放量的概率也会增加,特别是 $\phi\in[0.1,0.4]$。②无论 θ 和 ϕ 为何值,只要网络交通流系统是渐近稳定的,通过动态演化模型的计算便可以获得非常低的温室气体排放量,且其值明显总是低于静态用户均衡模型。③理论上,黑点的温室气体排放量最低是由近似的系统

最优配流导致的。从这个角度看,当系统处于渐近稳定状态时,动态演化模型可以实现更低的温室气体总排放量。这就是管理者一定要尽量避免网络交通流系统中出现分岔和混沌现象的重要原因。

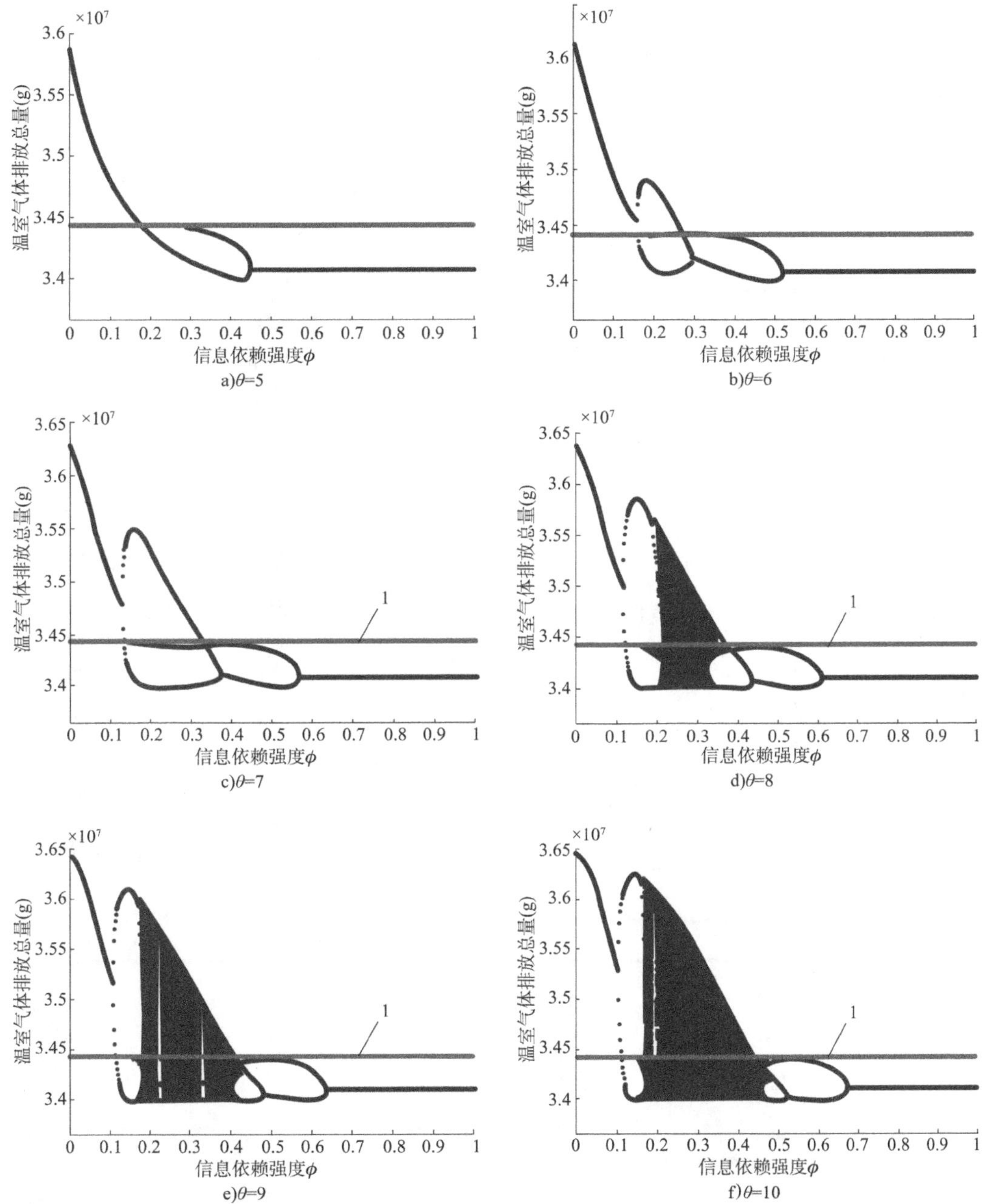

图 6-8 不同用户选择强度条件下的温室气体排放量比较[动态演化模型与静态用户均衡模型($Q=3750$)]

最后,比较了不同停车需求水平下动态演化模型和静态用户均衡模型的温室气体排放量。通过图 6-9 所示的试验结果,可得如下结论:①当总出行需求较低时(例如 $Q=3000$),在任何 ϕ 值下,动态演化模型(黑点)的温室气体排放量总是低于静态用户均衡模型(线 1)。同时,随着出行总需求的增加，比静态用户均衡模型得到的温室气体排放量高的蓝点数量越来越多，即动态演化模型的温室气体排放总量在大概率上超过用户均衡模型。②虽然道路网饱和度小于50%（即 $Q=4000$），但如果参数设置满足一定条件，系统可能会出现非常高的温室气体排放总量。③随着出行总需求的增加，动态演化模型与静态用户均衡模型的温室气体排放量差异增大。④温室气体总排放量的增长率明显大于总出行需求的增长率。从以上试验结果可知，停车总需求，即停车供给量和价格是决定交通系统中温室气体排放量的重要原因。

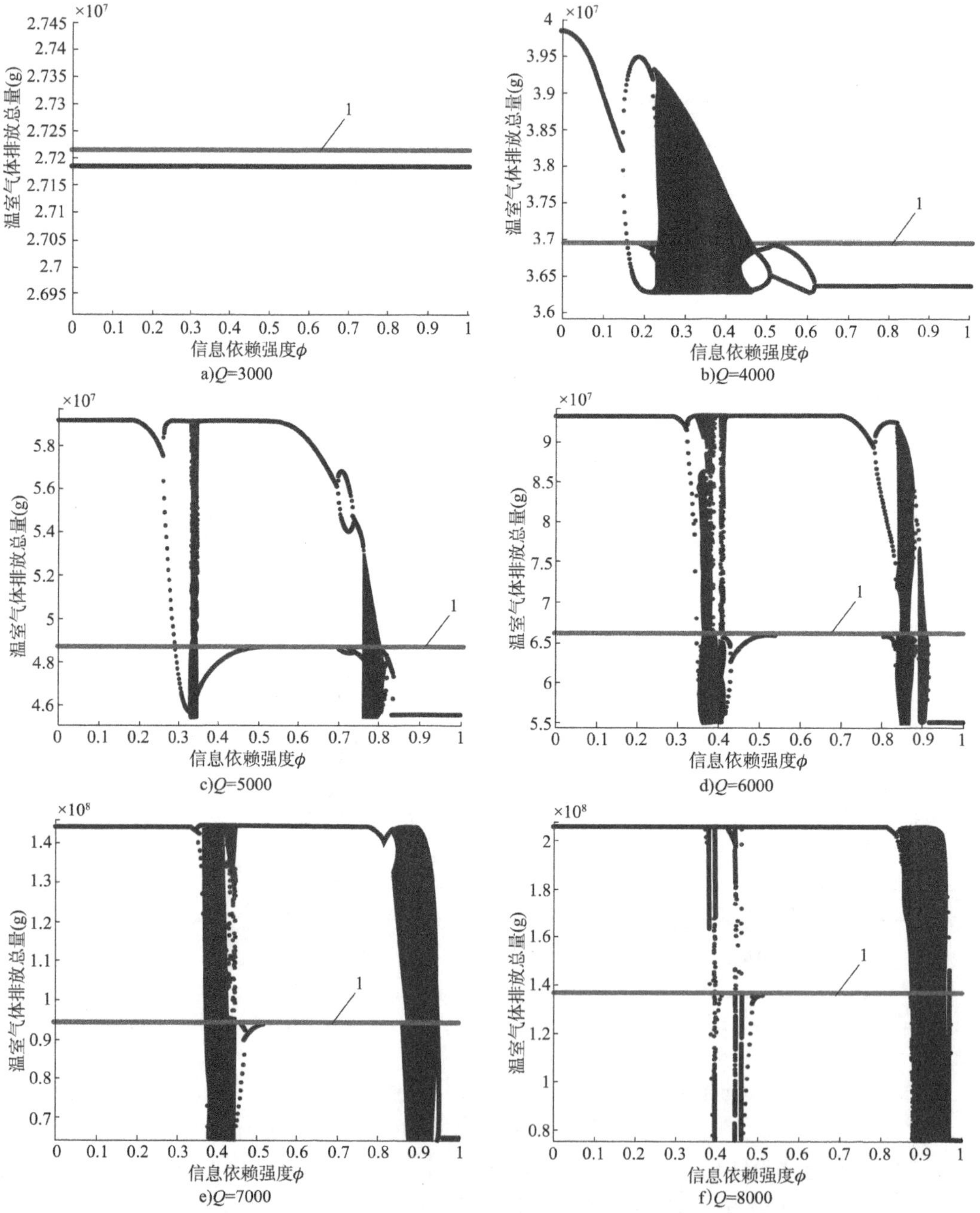

a) Q=3000

b) Q=4000

c) Q=5000

d) Q=6000

e) Q=7000

f) Q=8000

图 6-9　不同停车需求条件下的温室气体排放量比较[动态演化模型与静态用户均衡模型（$\theta=6$）]

6.6.4 现实意义

本节从道路规划设计,道路交通管理和对共享停车泊位交易市场监管三个角度来分析上述理论和试验结果对道路交通管理者的启示。在道路规划与设计层面上:①与利用传统的用户均衡、随机用户均衡和系统最优等交通分配方式来评价路网结构设计方案相比,管理者应考虑到网络交通流的最终演化状态为分岔或混沌状态的可能性,并需对此状态下的路网结构和用户总出行成本等进行科学评价。②在理论研究层面上,网络交通流演变的最终结果可为传统的网络设计问题(Network Design Problem)的双层规划模型[209]提供一个崭新的下层规划问题,在此基础之上得到的方案可能会对实际的路网规划提供更加有益的参考。在交通管理层面上:①对于网络交通流演化最终状态是分岔(倍周期收敛)的,管理者可利用潮汐车道等方式逐日调整每条路径、路段上的通行能力以降低用户的总出行成本。②在网络交通流领域,混沌现象是十分常见的,特别是对于大城市中心的过饱和交通网络[210]。因此,对于网络交通流演化最终状态是混沌的,管理者可考虑采用一定的控制手段(例如:OGY控制策略)使得式(6-33)得到满足。对于共享停车泊位交易市场:①管理者应通过问卷形式深度了解停车泊位提供者参与市场的意愿和行为,并时刻关注交易市场中共享停车泊位的供给总量与价格。②管理者可通过非定额补贴等形式最大限度地降低共享停车泊位的供给曲线斜率,以使得共享停车泊位交易市场稳定,增加抗风险干扰能力。③管理者应充分考虑(共享/公共)停车泊位供需与道路行车系统之间的互动关系[式(6-33)],以便为未来自动驾驶车辆普及后城市停车与道路规划打下理论基础。

6.7 本章小结

本章以同时存在共享停车泊位交易和网络交通流两个系统的现实场景为对象,在分别研究了两个系统均衡解的存在性、唯一性和稳定性等重要性质后,挖掘了共享停车泊位交易系统对网络交通流系统的影响机理,并给出了系统演化最终状态的判别依据。而后,为了遏制网络交通流系统中的分岔和混沌现象,进而降低温室气体排放量,又提出一种有效的停车供应和定价策略,此策略根据现有公共停车泊位数量是否能够满足总停车需求量分为两种情况。最后,以北京市实际路网为例,通过系统演变最终状态图和李雅普诺夫指数图验证了上述结论的正确性。通过理论分析和数值试验可得以下重要结论:首先,在共享停车泊位交易系统中,存在理性和幼稚两类收益预期方式,若供给曲线斜率小于需求曲线斜率,则系统唯一的均衡解(均衡价格、均衡占比差、高峰时段均衡公交和小汽车需求)总是渐进稳定的;否则,若理性提供者的交易与预测成本之和大于幼稚提供者,则存在临界提供者选择强度,使得提供者选择强度在大于此临界值下的共享停车泊位交易系统会出现分岔和混沌现象。其次,在网络交通流系统中,当满足如下三个条件时,系统唯一的均衡解可能是渐进稳定的:出行成本对路径流量不太敏感,路径选择概率对出行成本不太敏感,小汽车需求量不大;否则,系统在较高用户选择强度和较低信息依赖强度下会出现分岔和混沌状态。又次,当共享停车泊位交易系统处于渐进稳定状态时,若共享停车泊位交易市场中的潜在需求量不大,提供者对共享停车泊位价格变化不敏感,用户对共享停车泊位价格变化敏感,理性提供者的交易与预测成本之和并非远大于幼稚提供者,提供者选择强度不大,则网络交通流系统的最终演化状态容易趋向于渐进稳定状态。又次,当共享停车泊位交易系统处于混沌状态时,网络交通流系统会出现更加复杂的分岔和混沌现象,并且此现象对应的信息依赖强度范围会更大。最后,在不同的参数设置下,动态演化模型与静态用户均衡模型计算得到的温室气体排放量并不相同,在网络交通流系统处于渐进稳定状态时,动态演化模型会产生比静态用户均衡模型更低的温室气体排放量;相反,当系统处于混沌状态时,动态演化模型可能会产生比静态用户均衡模型更高的排放量。

第 7 章　结论与展望

7.1 主要结论

第 2 章根据用户不同的选择偏好,利用停车许可证构建了可实现社会福利最大化的停车资源最优分配、定价模型。此三类模型为:①仅考虑用户对停车设施选择偏好的基础模型;②在基础模型场景中追加考虑用户对停车时间选择偏好的扩展模型 A;③在基础模型场景中追加考虑用户对购买停车许可证时间点选择偏好的扩展模型 B。同时,也发现此三类模型的解均是存在的,但不一定唯一。理论上,扩展模型 A 和扩展模型 B 都已经囊括了基础模型的核心内容。但现实中,为了降低计算成本(详见第 3 章分析),在对大型集会活动场馆周边的停车设施进行管理时,依然推荐管理者使用基础模型。例如:在第二届和第三届中国国际进口博览会的停车预约系统(详见 7.2.1 节)中,可供用户选择的停车时间模式仅分为上午(8:00—13:00)和下午(13:00—18:00)两大类。即在上午或下午,用户的停车时间均可近似看作是一致的,因此用户基本上只需要对停车设施的空间位置进行选择即可,这与基础模型的适用场景是一致的。

第 3 章对 VCG、Leonard 等既有拍卖机制在实现上述三类场景下的停车许可证最优分配、定价时存在的问题进行了分析,而后提出了改良型升价拍卖代理系统、两类自适应拍卖系统和调优法(包括迭代法和直接法)等新型拍卖机制。同时,通过理论分析和数值试验,在求解精确度和计算效率两个方面对新型机制与传统机制进行了对比分析。①求解精确度方面:在基础模型场景中,VCG 机制、Leonard 机制、改良型升价拍卖代理系统、自适应拍卖系统 1 均可以求解到停车许可证的最优分配、定价。在扩展模型 A 和扩展模型 B 的场景中,特别是当问题规模较大时,VCG 机制和 Leonard 机制无法保证在多项式时间内得到停车许可证最优分配、定价的精确解。②计算效率方面:改良型升价拍卖代理系统和自适应拍卖系统 1 的最坏算法时间复杂度均为多项式型,调优法(包括迭代法和直接法)的最坏算法时间复杂度虽然依然为指数型,但均优于传统 VCG 机制、Leonard 机制。同时,数值分析结果也证明了上述结论的正确性。

第 4 章分析了停车收益的再投资问题。一方面,针对公共停车泊位的自融资程度进行了分析。发现若投资函数满足一定条件,则在停车许可证制度下,自融资程度为 1。即通过停车许可证拍卖所得的收益恰好可以支撑停车设施最优数量泊位的建设成本,即无黑字也无赤字。另一方面,针对共享停车泊位设计了停车收益再分配机制。将新型拍卖机制与传统沙普利值法相结合构建停车收益再分配机制,并且得到了如下重要结论:此新型机制可以根据每类停车泊位提供者对社会福利的贡献程度来进行收益的公平分配。相较传统沙普利值法,引入新型拍卖机制后的停车收益再分配机制的优势在于其可以计算任意停车泊位提供者组合下的社会福利,克服了传统沙普利值法在现实应用上的困难。

第5章以可预约和不可预约公共停车设施共存的区域为对象,在完全自动驾驶车辆和传统有人驾驶车辆混合交通流的环境下,在停车许可证用户与停车巡航用户的停车行为均具有随机性的基础上提出了停车许可证动态最优供给策略以最小化所有用户的时间损失。此后,再利用改良型升价拍卖代理系统、两种自适应拍卖系统或调优法(包括迭代法和直接法)等即可得到停车许可证的动态最优分配和定价。通过上述理论分析和数值试验可得以下重要结论:①停车许可证的动态最优供给策略是一个闭环反馈控制策略,是停车排队等待时间与停车巡航时间的函数。同时,根据排队等待时间是否存在,最优控制策略还被分为两种不同的情况。②与传统完全供给策略相比,动态最优供给策略可以显著地降低系统总时间损失,特别是在停车许可证用户行为不确定性水平较高的情况下。③动态最优供给策略的实施效果随着完全自动驾驶车辆比例的增加而降低。④停车许可证的动态最优供给策略并不总是优于传统完全供给策略,特别是在停车许可证用户与停车巡航用户行为不确定性水平很低的情况下。

第6章以同时存在共享停车泊位交易和网络交通流两个系统的现实场景为对象,在分别研究了两个系统均衡解的存在性、唯一性和稳定性等重要性质后,挖掘了共享停车泊位交易系统对网络交通流系统及温室气体排放的影响机理,并提出了一种有效的停车供给和定价策略,同时给出了几个系统演化最终状态的判别依据。所得重要结论如下:①对于共享停车泊位交易系统,若供给曲线斜率小于需求曲线斜率,则共享停车泊位交易系统的唯一均衡解可实现无条件渐进稳定;否则,若理性提供者的交易与预测成本之和大于幼稚提供者,则存在临界提供者选择强度,使得共享停车泊位交易系统在大于此临界值条件下出现分岔或混沌现象。②对于网络交通流系统,若出行成本对路径流量敏感度小,路径选择概率对出行成本敏感度小,小汽车需求量不大,则系统唯一的均衡解可能是渐进稳定的;否则,系统会出现分岔或混沌状态。③当共享停车泊位交易系统处于渐进稳定状态时,若提供者对共享停车泊位的价格变动不敏感,用户对其价格变动敏感,潜在共享停车泊位需求量不大,理性提供者的交易与预测成本之和并非远大于幼稚提供者,提供者选择强度不大,则由于受到共享停车泊位交易总量的限制,高峰时段的均衡小汽车需求不大,导致网络交通流系统的最终演化状态容易趋向于渐进稳定。④当共享停车泊位交易系统处于混沌状态时,网络交通流系统会产生更加严重的分岔与混沌现象。⑤有效停车供给和定价策略按照公共停车泊位数量是否能够满足总停车需求量分为两种情况。⑥当网络交通流系统处于渐进稳定状态时,使用动态演化系统计算得到的温室气体排放量小于用户均衡模型,而当网络交通流系统处于分岔和混沌状态时,使用动态演化系统计算得到的温室气体排放量则可能远高于用户均衡模型。

7.2 应用前景

7.2.1 综合体配建车库的新型停车预约系统

近年来,随着城市机动车保有量与综合体数量的激增,综合体配建地下停车场内的停车巡航现象日趋严重。由于综合体涉及多方利益,又处于交警执法范围之外,导致媒体对此相关报道甚少。鉴于车辆低速巡航时的尾气排放量是正常行驶时的数倍之多,因此综合体停车巡航问题对城市交通领域节能减排的危害是不可忽视的。

在国土空间规划划定的三条控制线(生态保护红线、永久基本农田、城镇开发边界)内,为了能让有限的土地资源实现更多的城市服务功能,开发和建设“综合体”已成为主流趋势。根据赢商大数据发布的报告[211]显示:截至2020年底,国内商业综合体❶约4800家,总体量高达4.4亿 m^2。2021年全国拟开业购物中心已有1113家,总体量达0.97亿 m^2。未来5~10年,综合体数量仍将处于高速增长期。

根据1.1节所述可知,我国交通运输领域的碳排放量约占全国所有碳排放行业总量的10%,并且呈现明显增长的态势,而其中的城市交通则对交通运输领域(除航空、铁路、水运外)碳排放的“贡献度”超过80%[4]。按照全国商业综合体配建停车泊位的平均标准(即1车位/100m^2 建筑面积❷)及占比测算,全国综合体地下车库中由停车巡航引发的碳排放增加量约为221.76万t/年❸。综上所述,综合体停车巡航对城市交通碳排放量“贡献度”不可忽视。

《建设项目交通影响评价技术标准》(CJJ/T 141—2010)[212]中缺少交通拥堵对气候变化、生态环境的影响评价体系。同时,《绿色建筑评价标准》(GB/T 50378—2019)[214]也缺少对地下车库碳排放监测与控制方面的相关规定。同时,目前新建的综合体地下车库仅设置有与排风设备联动的一氧化碳浓度监测装置,未安装对氮氧混合物等其他有害气体及二氧化碳排放量的监测装置,而较早建成的综合体在此方面更加缺少相应的硬件设备。

在停车预约系统的开发和应用方面,诸多大城市都曾经有过成功的案例。例如:美国罗纳德里根华盛顿国家机场、日本东京国际机场(即东京羽田机场)的停车预约系统。与此相比,停车预约系统在我国的应用则起步较晚,近年来应用的成功案例主要有如下两个:①2019年和2020年在上海召开的第二届、第三届中国国际进口博览会应用了停车预约系统,用户只要登录“上海停车”微信公众号即可随时预约停车泊位。如图7-1所示,用户进入微信公众号,点击停车预约后即可按顺序选择停车设施和停车时间段。②2019年,深圳市儿童医院、北京大学深圳医院等联合推出了“就诊挂号+停车预约”的复合型业务,此服务已经嵌入深圳“本地宝”微信公众号中,用户只要选择欲就诊的医院就可以同时预约到停车泊位,一次预约可停车3h,定价分为高峰时段和非高峰时段两大类(图7-1)。由这些案例可以看出,当前的停车预约机制(或称为停车资源交易机制)依然具有显著的“先到先服务”和“无

---

❶ 数据统计范围为全国367个城市(不含港澳台)管辖行政区内,商业建筑面积在3万 m^2 及以上的购物中心。统计时间截止为2021年1月31日。

❷ 根据《城市停车规划规范》(GB/T 51149—2016)[213]中的相关要求,商业配建停车泊位标准为1车位/100m^2 建筑面积。此处,由于商业综合体的统计范围仅为全国367个城市,因此221.76万t/年的排放量其实是比较保守的估计值。

❸ 此数值为作者团队测算结果。即用全国所有碳排放行业总量(截至2020年底,约为100亿t/年)乘以诸多系数(包括:交通运输行业碳排放在所有碳排放行业总量中的占比、城市交通碳排放在交通运输行业碳排放中的占比、交通拥堵碳排放在总出行碳排放中的占比、由停车引发的交通拥堵数量在所有交通拥堵数量中的占比、综合体停车泊位数量在全国总停车泊位数量中的占比、综合体中停车巡航车辆数量在总停车数量中的占比)之后的估算值。

差异化定价”两个特征,因此此机制原则上很难实现社会福利的最优状态,因为该方式缺少对用户选择偏好(例如:时间价值、停车时间模式等)的考虑。同时,这种单纯的机制也容易催生黄牛党,进而扰乱良好的市场竞争秩序。

鉴于此,若在商业综合体停车管理中引入本书提出的停车许可证拍卖系统,对现有停车预约系统进行改良,将有望降低综合体内部的停车巡航车辆占比及其尾气排放量,增加用户在综合体内的有效停留时间及其消费额度。同时,以停车泊位的空间位置和车辆停泊时间为单位的精准定价(精确到某一个停车泊位及停车时间段)将最大限度地满足各类用户的出行需求,可有效地提升用户的出行幸福感。

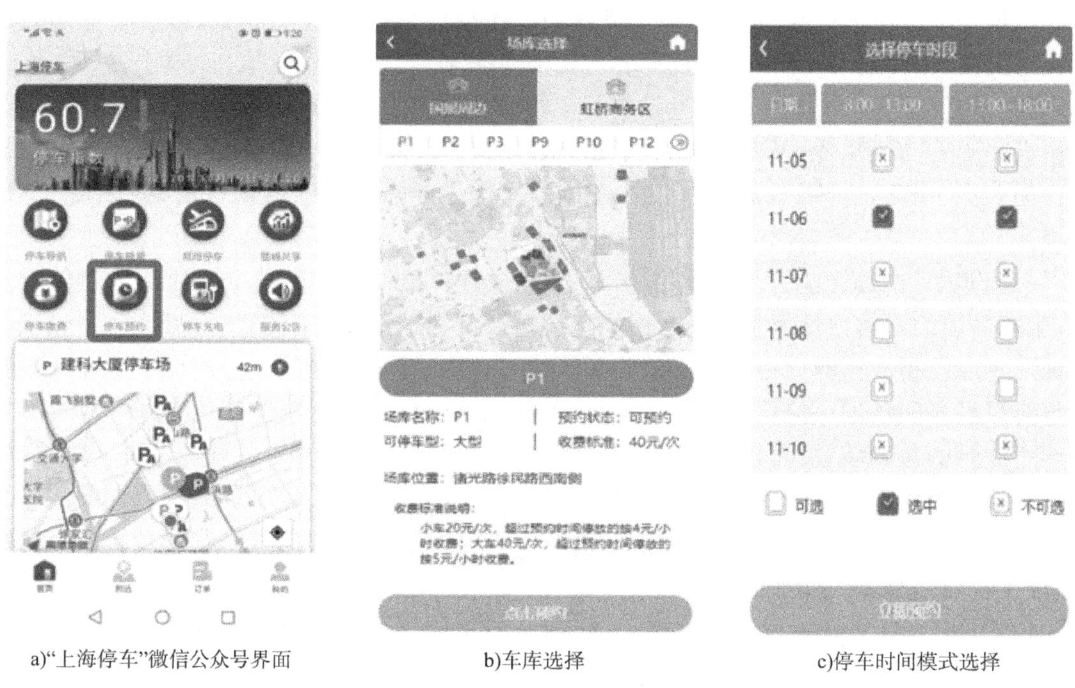

a)“上海停车”微信公众号界面　　b)车库选择　　c)停车时间模式选择

图 7-1　第三届中国国际进口博览会的停车预约系统手机端

7.2.2　区域宏观交通状态分析与交通流控制系统

近年来,Daganzo[215]提出了路网宏观基本图(Macroscopic Fundamental Diagram,MFD)的概念,Geroliminis and Daganzo[216-217]分别以美国旧金山市的仿真实验和日本横滨市的实证分析验证了路网宏观基本图的存在性。而后,诸多学者陆续展开了基于路网宏观基本图特性的区域边界交通流流入流出控制的研究,国内外代表性研究为 Aboudolas 和 Geroliminis[218]、丁恒等[219]。同时也有研究考虑了区域内部停车容量制约与动态停车收费,代表性研究为 Liu 和 Geroliminis (2016)[51]、Zheng 和 Geroliminis[50]。

既有理论[220]及实证研究[221-222]表明,维持高水平的区域路网流出能力(Network Throughput 或称为 Network Performance)是防止路网宏观基本图出现拥堵区域(Congested Regime,即路网呈现大规模拥堵状态)的有效方式,而区域内各类停车设施的实时剩余停车泊位数量则是路网流出能力的重要组成部分。而上述代表性研究提出的区域车辆流入流出控制模型都极少能够实现对区域内部各类停车设施车辆流入流出量的精准控制。这是因为在用户与管理者之间信息不对称的情况下，管理者通常很难通过交通需求预测模型来精准计算各个停车设施在某种停车收费定价水平下的实时停车需求。

对此，本书通过新型拍卖机制对停车许可证进行预先发售（第2章、第3章）和实时发售（第5章），对区域内部各类停车设施的流入流出交通量进行精准控制，以实现区域交通的精细化管理。在此基础上，再引入路网宏观基本图对交通拥堵模式等实时信息进行监测即可求解到路网边界各个信控交叉口的实时信号控制策略。另外，若结合Zheng等[223]的研究成果还可以得到更加精确的区域道路网收费策略。这一方法将为管理者对区域宏观交通运行状态进行评价及实时控制提供科学的决策依据。最后，结合Gerolimi-nis[224]等的研究成果，利用路网宏观基本图还可以重现用户的停车巡航行为，计算每位用户的直接停车成本。理论上，用此思路就可以定量对比分析在无调控策略、单纯的基于路网宏观基本图的控制策略、集合停车许可证与路网宏观基本图的复合控制策略下的路网宏观交通运行的不同状态。

7.2.3 共享停车泊位交易市场中价格波动风险的调控措施

根据第1章的背景分析可知，共享停车泊位政策能够在很大程度上解决城市停车难和停车泊位空置率高的问题。为此，政府出台了一系列鼓励共享停车的政策。同为共享经济背景下的交通运输新业态，共享停车泊位交易市场却和已经较为成熟的共享单车市场存在着明显的差别，主要表现在供给侧方面：①在早高峰时段，共享停车泊位的提供者主要为个人，如住宅小区业主。②个人与企事业单位等共享停车泊位提供者对价格波动很敏感，通过对我国典型一线城市的调研发现：共享停车泊位政策的实施效果不理想，没有得到切实落实和广泛推广，究其原因主要是成交价格没有达到平台和提供者的预期收益。

根据第6章的分析可知，共享停车泊位本质上为私人物品，其供给来源于以获得一定收益为目的的个人和企事业单位，且他们参加和退出市场是自由的，与ofo等专门提供共享单车的企业有较大差别。同时，由于提供者之间的属性存在较大差异，他们对于成交价格的预期水平与方式也并非一致，因此交易市场中共享停车泊位的成交价格与成交量必将呈现出动态复杂变化的特点，即存在价格波动风险。由于经济是一个具有非线性互动和反馈回路的复杂系统，同时诸多理论研究也已经证明了停车泊位数量和空间分布将会对网络交通流产生显著影响[89,224]。因此，若成交价格波动出现分岔、混沌等现象（图6-4），不但会影响共享停车泊位交易市场本身的运行秩序，还将极有可能影响到网络交通流的动态演化特征（图6-7），导致交通拥堵更加严重、道路通行能力过度浪费和温室气体排放量激增等不良现象的出现（图6-9）。

在新冠肺炎疫情等公共卫生事件防控常态化的背景下，市民对于公共交通、共享单车的卫生程度担忧感逐渐增强，导致绿色出行比例进一步降低。因此，基于共享停车泊位交易市场的特征及提供者、用户的行为特性，深度挖掘其价格波动风险的产生机理、科学评估价格波动的影响范围和程度，进而提出具有针对性的调控策略（例如基于OGY[225]的调控策略等）具有重要的科研意义。同时，此研究成果亦能够为共享停车泊位交易市场良好竞争秩序的形成、城市交通拥堵的缓解、新冠肺炎疫情的防控等提供切实有效的制度保障。对实现我国共享经济的可持续、高质量发展具有重要的应用价值和现实意义。

通过电子问卷调查,可深度了解大众对共享停车泊位的态度。除了需要对共享停车泊位交易市场供需函数中的参数进行标定外,还需要获得幼稚预期、理性预期、市场基本面计算、自适应学习等各类价格预期方式的成本。将标定的参数和各种价格预期成本带入到理论模型中,获得此城市共享停车泊位交易市场价格进入渐进稳定、分岔和混沌状态的条件,而后根据现实情况推导出价格波动的预警线和调控策略。同时,还需要对措施的实施成本、效果、效率和公平性等进行定量分析。目前,由于我国诸多城市并没有彻底地实现共享停车泊位交易的市场化和网络化,因此,可以依据理论模型的输出结果对现行的共享停车泊位相关政策进行评价。

7.3 未来研究展望

确定复数个停车许可证最优分配方式(即模型的解)的再选取原则。由第 2 章所示 3 个停车许可证分配、定价模型的性质可知,模型的解是一定存在的,但是不一定唯一。例如:某一个停车许可证分配给用户甲或用户乙,管理者所得的社会福利值都是一样的,并且都为最大值。在此情况下,管理者应以何种原则确定最终的分配结果是亟待解决的问题。若在理论上将这 3 个规划问题中的单目标函数变为多目标函数,则第 3 章构建的拍卖机制将会失效,因此并不能从改变规划问题的目标函数类型入手。现实中,各城市、各区域、各停车设施都有自身的特殊属性,除了社会福利最大化之外,各管理者也会有不同的考量。因此,在获得能够实现社会福利最大化的复数个停车许可证最优分配方式后,管理者可考虑针对城市中心停车设施按照“合乘人数多的车辆(用户)优先”的原则❶,针对医院、康养小镇停车设施按照“载有社会弱势群体的车辆(用户)优先”的原则,针对旅游景区周边停车设施按照“外地游客车辆(用户)优先”的原则对复数个停车许可证分配方式进行再选取。

构建没有获得停车许可证用户的补偿机制。在明确复数个停车许可证最优分配方式的再选取原则后,管理者又将面临一个实际问题:若将停车许可证分配给了用户甲,则应该对用户乙执行怎样的补偿标准(如增加下次竞标停车许可证时的中标概率等)?若不进行补偿,用户乙可能会对停车许可证交易市场失去信心,甚至会永久成为停车许可证政策的反对者。因此,补偿机制的构建十分重要,这是停车许可证政策可以被社会广泛接受和能够全面推广的重要基础。对于公共停车泊位,补偿机制需要与其自融资程度通盘考量,谨防过度补偿导致停车设施建设管理财政上出现赤字。对于共享停车泊位,补偿机制则需要与停车收益的再分配统筹考虑,同时需要对比分析各类补偿机制对停车收益的影响。

建模场景中需要追加考虑用户对停车许可证的更换、再出售和取消等行为。根据 3.7.3 节分析可知,若用户在购买停车许可证后突然更改自身的活动计划,不使用停车许可证,则

❶ 目前,已有理论研究(例如:Kondor et al. ,2018[226])显示使用共享汽车出行对降低停车需求方面有一定贡献,因此,“合成人数多的车辆(用户)优先”这个原则具有一定的理论基础和实用性。

会产生一定的社会福利损失和停车资源的浪费,也是停车许可证政策在推广过程中必须要面对和解决的问题。同时,这也是停车许可证相较试验定价策略的劣势所在。在瓶颈通行许可证领域,Nagae 和 Gai[227]认为购买瓶颈通行许可证用户中存在一定比例的用户会更改自身的活动计划而取消使用瓶颈通行许可证,但此比例为用户的私人偏好,管理者并不能直接观测到。为此,Nagae 和 Gai[227]提出了一种试错迭代计算方法用于挖掘取消瓶颈通行许可证用户的比例,进而在用户出行需求不确定的情况下给出了瓶颈通行许可证的最优发行策略。在停车供需管理领域,未来也应考虑利用深度学习等方式预先把握用户对停车许可证的更换、再出售和取消等行为偏好,进而得到停车许可证的最优供给策略、分配和定价机制,同时实现社会福利最大化、停车资源闲置率最小化等目标。

需要对新型拍卖机制的计算效率进行实际测算。第 3 章在理论分析和数值试验的层面上研究了新型拍卖机制的计算效率,但还需要应用实际数据对用户需求特性、新型拍卖机制的计算效率及其对应的计算成本(如计算机硬件、网络、用房和用电等)进行精确计算。在真实世界中,若对整个城市路网中所有用户的停车需求进行实时处理,进而确定停车许可证的最优分配、定价是不现实的,原因主要有以下两点:①此规划问题的体量过于庞大,管理者计算成本极高;②用户终端界面复杂和信息过载,用户操作成本极高。现实中,一方面,用户一般只会在目的地周边寻找停车泊位,不希望停车后步行至目的地的距离太长。另一方面,在停车规划层面上,《城市停车规划规范》(GB/T 51149—2016)[213]中也有相关规定:“特别是在商业区、办公区、医院、体育场馆、旅游风景区及停车供需矛盾突出的居住区,城市公共停车场的服务半径不应大于 300m。”因此,若以某一建筑物(如商业综合体 a)为中心划定泰森多边形 A(Voronoi Diagram),则泰森多边形 A 内的所有停车设施到此商业综合体 a 的直线距离最短,比与其他建筑物(如相邻的泰森多边形 B 中心的商业综合体 b)的直线距离短。也就是说,某用户若选定了商业综合体 A 为其目的地,他一定会在泰森多边形 A 内选择停车设施,且距离目的地的直线距离在 300m 之内。在此场景下,管理者就可以将一个泰森多边形内所有的用户停车需求进行一起处理,这样就大幅度降低了计算成本。鉴于此,对于整个城市路网来说,以何种标准选定中心并划定泰森多边形,同时评估机制的计算效率、计算精度和计算成本是十分重要的。

提升停车许可证动态最优策略的占优比例。如第 5 章数值分析结果(表 5-3)所示,停车许可证动态最优供给策略并不总是优于传统完全供给策略,特别是在停车许可证用户与停车巡航用户行为不确定性水平很低的情况。推测原因可能有如下两点:①假设最优值函数的形式与真正最优值函数在形式上存在一定差别;②管理者只知道不确定项的期望值和标准差,而不能准确预知下一时刻的实际情况。在停车泊位动态分配的研究领域,近期的一些研究假设管理者通过某种方法(如深度学习)可以准确预测未来一段时间内的停车需求。在此假设下,问题的复杂程度被大幅度简化,方法的可实际操作性增强,但实施效果还有待考证。综上所述,在未来的研究中,一方面,可以考虑以鲁棒控制策略代替随机最优控制策略,特别是在完全自动驾驶车辆渗透率较低(即逐渐普及过程中)、两类用户行为的不确定性水平较低的情况下。另一方面,可以考虑融合多源数据增加对未来一段时间内路网交通运行状况的预测精度。

深入调查停车泊位用户和共享停车泊位提供者的行为特征。为了挖掘共享停车泊位交易市场中共享停车泊位供需和价格动态演化最终结果为渐进稳定、分岔和混沌现象的发生条件，第 6 章以幼稚提供者和理性提供者为组合，且假设共享停车泊位交易市场中的供需函数均为线性构造。现实中，除了幼稚提供者和理性提供者之外，提供者还可能会使用市场基本面计算、自适应学习等策略来预测成交价格。同时，供需曲线的形式除了线性以外还可能为指数函数、反比例函数、对数函数等形式。因此，未来对于共享停车泊位交易市场中共享停车泊位供需和价格动态演化规律的理论分析还需要在多种其他异质性预期提供者组合、多种供需函数形式的条件下进行。在实践中，需要通过大量实际调查了解某一城市、某一区域各类提供者的比例、参与市场的意愿和供需函数的形式等。

将企业性质的交易平台加入共享停车泊位交易市场中。为挖掘模型的重要性质，第 6 章直接利用完全竞争市场供需关系进行建模分析了共享停车泊位交易市场中共享停车泊位供需和价格的动态演化规律及其对网络交通流、温室气体排放的影响。但在现实中，绝大多数用户与提供者并不能直接对共享停车泊位进行交易，一定要通过网络交易平台才可以。同时，此交易平台也不一定为政府，还有可能是企业。另外，交易平台也不能准确地预测到在某一停车价格下用户需求的真实数量，因此在其确定租用业主的私人停车泊位数量时会自然地认为出行当天用户需求的实际数量是一个随机变量，同时服从某种统计分布形式。在此统计分布形式之下，企业性质的交易平台为了实现自身收益期望值的最大化，会基于某种概率模型确定租用私人停车泊位数量和对用户、提供者的双向补贴策略（即双边市场定价策略）。在此场景中，共享停车泊位交易市场中共享停车泊位供需和价格的动态演化规律是否将会改变，其对网络交通流、温室气体排放的影响是否还在可控范围之内都是一个值得探讨的问题。

参 考 文 献

[1] 北京交通发展研究院. 2021 北京市交通发展年度报告[R]. 北京交通发展研究院,2021.

[2] 高德地图,未来交通与城市计算联合实验室,清华大学-戴姆勒可持续交通研究中心,阿里云,2018Q3 中国主要城市交通分析报告[R]. 高德地图,未来交通与城市计算联合实验室,清华大学-戴姆勒可持续交通研究中心,阿里云,2018.

[3] 国家统计局. 深入贯彻落实新发展理念 交通通信实现跨越式发展——党的十八大以来经济社会发展成就系列报告之六[R]. 国家统计局,2022.

[4] 郭继孚. 推动城市交通碳达峰、碳中和的对策与建议[J]. 可持续发展经济导刊,2021(03):22-23.

[5] 陆化普,冯海霞. 交通领域实现碳中和的分析与思考[J]. 可持续发展经济导刊,2022(Z1):63-67.

[6] 陈莎,刘影影,李素梅,等. 京津冀典型城市 $PM_{2.5}$ 污染的健康风险及经济损失研究[J]. 安全与环境学报,2020,20 (3):1146-1153.

[7] Shoup D. The High Cost of Free Parking [M]. Chicago:Planners Press,2005.

[8] Shoup D. Cruising for parking [J]. Transport Policy,2006,13(6):479-486.

[9] Armonk N Y. IBM Global Parking Survey:Drivers Share Worldwide Parking Woes [R]. IBM News Room,28 Sep 2011,http://www-03. ibm. com/press /us /en /pressrelease /35515. wss.

[10] 张国伍. 停车系统在城市交通中的地位与作用[J]. 交通运输系统工程与信息,2014,14(1):2-8.

[11] 北京交通发展研究院. 2020 北京市交通发展年度报告[R]. 北京交通发展研究院,2020.

[12] 北京市交通委员会. 北京市停车资源普查报告[R]. 北京市交通委员会,2017.

[13] CBNData & ETCP. 2017 Big data report for China smart parking industry [R/OL]. http://www. 199it. com/archives/667309. html. 2018-01-01.

[14] Yan Q, Feng T, Timmermans H. Investigating private parking space owners' propensity to engage in shared parking schemes under conditions of uncertainty using a hybrid random-parameter logit cumulative prospect theoretic model [J]. Transportation Research Part C: Emerging Technologies,2020,117:102776.

[15] 田琼,黄海军,杨海. 瓶颈处停车换乘 Logit 随机均衡选择模型[J]. 管理科学学报,2005,8 (1):4-9.

[16] 王广民,高自友,徐猛,等. 弹性需求下网络设计问题和电子路票问题研究[J]. 管理科学学报,2015,18 (4):38-48.

[17] 李玉涛,周江评. 重新定位停车政策:优化出行的重要工具[J]. 城市规划,2015(4):

71-75.

[18] 王鹏飞,朱俊泽,王安格,等.道路交通系统演化的非线性动力模型[J].交通运输系统工程与信息,2021,21 (5):214-221.

[19] DuY,Yu S,Meng Q,et al. Allocation of street parking facilities in a capacitated network with equilibrium constraints on drivers' traveling and cruising for parking [J]. Transportation Research Part C:Emerging Technilogies,2019,101:181-207.

[20] Lam W H K,Li Z,Huang H J,et al. Modeling time-dependent travel choice problems in road networks with multiple user classes and multiple parking facilities [J]. Transportation Research Part B:Methodological,2006,40 (5):368-395.

[21] Tian L,Sheu J B,Huang H J. The morning commute problem with endogenous shared autonomous vehicle penetration and parking space constraint [J]. Transportation Research Part B: Methodological,2019,123:258-278.

[22] Zhang X,Liu W,Waller S T. A network traffic assignment model for autonomous vehicles with parking choices [J]. Computer-aided Civil and Infrastructure Engineering,2019,34 (12):1100-1118.

[23] 田琼,罗婷,杨丽.考虑延误时间成本的最优路边停车策略研究[J].管理科学学报,2016,19 (7):50-59.

[24] 关宏志,严海,李洋.考虑停车费用支付者的出行方式选择模型[J].土木工程学报,2008,41 (4):91-94.

[25] Young W,Thompson R G,Taylor M A P. A review of urban car parking models [J]. Transport Reviews,1991,11 (1):63-84.

[26] Arnott R,de Palma A,Lindsey R. A temporal and spatial equilibrium analysis of commuter parking [J]. Journal of Public Economics,1991,45 (3):301-335.

[27] Glazer A,Niskanen E. Parking fees and congestion [J]. Regional Science and Urban Economics,1992,22 (1):123-132.

[28] Verhoef E,Nijkamp P,Rietveld P. The economics of regulatory parking policies: the (im) possibilities of parking policies in traffic regulation [J]. Transportation Research Part A:Policy and Practice,1995,29 (2):141-156.

[29] Lam W H K,Tam M L,Yang H,et al. Balance of demand and supply of parking spaces [C]. Transportation and Traffic Theory 1999: Proceedings of the 14th International Symposium on Transportation and Traffic Theory,1999,707-731.

[30] Arnott R,Rowse J. Modeling parking [J]. Journal of Urban Economics,1999,45 (1):97-124.

[31] Anderson S P,de Palma A. The economics of pricing parking [J]. Journal of Urban Economics,2004,55 (1):1-20.

[32] Feitelson E,Rotem O. The case for taxing surface parking [J]. Transportation Research Part D:Transport and Environment,2004,9 (4):319-333.

[33] Wang J Y T, Yang H, Lindsey R. Locating and pricing park-and-ride facilities in a linear monocentric city with deterministic mode choice [J]. Transportation Research Part B: Methodological, 2004, 38 (8): 709-731.

[34] Arnott R, Inci E. An integrated model of downtown parking and traffic congestion [J]. Journal of Urban Economics, 2006, 60 (3): 418-442.

[35] Arnott R, Rowse J. Downtown parking in auto city [J]. Regional Science and Urban Economics, 2009, 39 (1): 1-14.

[36] Liu T, Huang H J, Yang H, et al. Continuum modeling of parking-and-ride services in a linear monocentric city with deterministic mode choice [J]. Transportation Research Part B: Methodological, 2009, 43 (6): 692-707.

[37] Ayala D, Wolfson O, Xu B, et al. Parking slot assignment games [C]. Proceedings of the 19th ACM SIGSPATIAL International Conference on Advances in Geographic Information Systems. ACM, 2011: 299-308.

[38] Ayala D, Wolfson O, Xu B, et al. Pricing of parking for congestion reduction [C]. Proceedings of the 20th International Conference on Advances in Geographic Information Systems. ACM, 2012: 43-51.

[39] Qian Z S, Xiao F, Zhang H M. The economics of parking provision for the morning commute [J]. Transportation Research Part A: Policy and Practice, 2011, 45: 861-879.

[40] Fosgerau M, de Palma A. The dynamics of urban traffic congestion and the price of parking [J]. Journal of Public Economics, 2013, 105: 106-115.

[41] Qian Z S, Xiao F E, Zhang H M. Managing morning commute traffic with parking [J]. Transportation Research Part B: Methodological, 2012, 46 (7): 894-916.

[42] Qian Z S, Rajagopal R. Optimal dynamic parking pricing for morning commute considering expected cruising time [J]. Transportation Research Part C: Emerging Technologies, 2014, 48: 468-490.

[43] Inci E. A review of the economics of parking [J]. Economics of Transportation, 2015, 4: 50-63.

[44] Mackowski D, Bai Y, Ouyang Y. Parking space management via dynamic performance-based pricing [J]. Transportation Research Part C: Emerging Technologies, 2015, 59: 66-91.

[45] He F, Yin Y, Chen Z, et al. Pricing of parking games with atomic players [J]. Transportation Research Part B: Methodological, 2015, 73: 1-12.

[46] Zou B, Kafle N, Wolfson O, et al. A mechanismdesign based approach to solving parking slot assignment in the information era [J]. Transportation Research Part B: Methodological, 2015, 81: 631-653.

[47] Liu P, Liao F, Huang H J, et al. Dynamic activity-travel assignment in multi-state supernetworks [J]. Transportation Research Part B: Methodological, 2015, 81: 656-671.

[48] Liu P, Liao F, Huang H J, et al. Dynamic activity-travel assignment in multi-state supernetworks under road and location capacity constraints [J]. Transportmetrica A, 2016, 12 (7): 572-590.

[49] Xiao L,Liu T,Huang H J. On the morning commute problem with carpooling behavior under parking space constraint [J]. Transportation Research Part B: Methodological, 2016, 91: 383-407.

[50] Zheng N, Geroliminis N. Modeling and optimization of multimodal urban networks with limited parking and dynamic pricing [J]. Transportation Research Part B: Methodological, 2016, 83: 36-58.

[51] Liu W, Geroliminis N. Modeling the morning commute for urban networks with cruising-forparking: An MFD approach [J]. Transportation Research Part B: Methodological, 2016, 93: 470-494.

[52] Nourinejad N, Roorda M J. Impact of hourly parking pricing on travel demand [J]. Transportation Research Part A: Policy and Practice, 2017, 98: 28-45.

[53] Ma R, Zhang H M. The morning commute problem with ridesharing and dynamic parking charges [J]. Transportation Research Part B: Methodological, 2017, 106: 345-374.

[54] Shoup D, Yuan Q, Jiang X. Charging for parking to finance public services [J]. Journal of Planning Education and Research, 2017, 37 (2): 136-149.

[55] Balac M, Ciari F, Axhausen K W. Modeling the impact of parking price policy on free-floating carsharing: Case study for Zurich, Switzerland [J]. Transportation Research Part C: Emerging Technilogies, 2017, 77: 207-225.

[56] Gu Z, Najmi A, Saberi M, et al. Macroscopic parking dynamics modeling and optimal realtime pricing considering cruising-for-parking [J]. Transportation Research Part C: Emerging Technologies, 2020, 118: 102714.

[57] Lu X, Guo R, Huang H J, et al. Equilibrium analysis of parking for integrated daily commuting [J]. Research in Transportation Economics, 2021, 101019.

[58] 秦焕美,关宏志,殷焕焕. 停车收费价格对居民出行方式选择行为的影响研究[J]. 土木工程学报,2008,41 (8):93-98.

[59] 王健,孙广林. 基于路段的拥挤收费与停车收费组合优化研究[J]. 交通运输系统工程与信息,2010,10 (3):24-28.

[60] 李志纯,李熠坤. 不同市场经营机制下的停车设施定价模型[J]. 中国公路学报,2011,24 (4):80-86.

[61] 刘子长,张小宁,曹津. 容量限制停车场收费管理[J]. 上海理工大学学报,2011,33 (3):303-306.

[62] 王健,洪麟琳,何建平. 基于可变泊位容量的停车收费定价模型研究[J]. 武汉理工大学学报(自然科学版),2013,37 (3):517-520.

[63] 范文博,吕雪,向红艳. 三类运营机制下两类停车设施定价问题研究[J]. 交通运输系统工程与信息,2014,14 (6):30-35.

[64] 李雪梅,许红. 时空价值理论下的停车场定价机制[J]. 北京交通大学学报(社会科学版),2015,14 (2):23-30.

[65] 肖玲,张小宁,王华. 公共停车场与私营停车场的博弈定价模型[J]. 系统工程理论与实践,2017,37 (7):1768-1779.

[66] 王建军,金书鑫,李维佳,等. 多方综合效益最大化的社会公共停车场停车收费定价方法[J]. 交通运输工程学报,2017,17 (2):126-135.

[67] 秦焕美,刘聪,杨秀涵. 基于浮动式停车收费的寻泊与出行意向分析[J]. 交通运输工程与信息学报,2017,15 (1):40-46.

[68] 贺康康,任刚. 基于动态停车预约收费条件下的出行行为选择研究[J]. 交通运输工程与信息学报,2020,18 (1):53-60.

[69] Chen Z, Yin Y, He F, et al. Parking reservation for managing downtown curbside parking [J]. Transportation Research Record,2015,2498 (1):12-18.

[70] Lei C, Ouyang Y. Dynamic pricing and reservation for intelligent urban parking management [J]. Transportation Research Part C:Emerging Technologies,2017,77:226-244.

[71] TianQ, Yang L, Wang C, et al. Dynamic pricing for reservation-based parking system: A revenue management method [J]. Transport Policy,2018,71:36-44.

[72] Kotb A O, Shen Y, Huang Y. Smart parking guidance, monitoring and reservations: A review [J]. IEEE Transactions on Intelligent Transportation System,2017,9 (2):6-16.

[73] Mei Z, Feng C, Ding W, et al. Better lucky than rich? Comparative analysis of parking reservation and parking charge [J]. Transport Policy,2019,75:47-56.

[74] Bock F, Di Martino S, Origlia A. Smart parking: Using a crowd of taxis to sense on-street parking space availability [J]. IEEE Transactions on Intelligent Transportation Systtem, 2019,21 (2):496-508.

[75] Rajabioun T, Ioannou P A. On-street and off-street parking availability prediction using multivariate spatiotemporal models [J]. IEEE Transactions on Intelligent Transportation System,2015,16 (5):2913-2924.

[76] Ferreira D C, e Silva J D A. Tackling cruising for parking with an online system of curb parking space reservations [J]. Case Studies on Transport Policy,2017,5 (2):179-187.

[77] Shao S, Xu S, Yang H, Huang G Q. Parking reservation disturbances [J]. Transportation Research Part B: Methodological,2020,135:83-97.

[78] Zhao P, Guan H, Wang P, et al. Evaluation of environmental benefits caused by reservation-based shared parking: A case study of Beijing, China [J]. IEEE Access, 2021, 9: 3744-3751.

[79] 杨庆芳,杨兆生,胡娟娟. 停车泊位预定技术研究[J]. 公路交通科技,2006,23 (12): 123-127.

[80] 仝进,孙海瑞,周正. 北京市居住停车区域认证机制研究[J]. 城市交通,2019,17 (5): 66-70,76.

[81] 严海,贾博浩. 基于 DFS 算法的路内停车预约车位设置方法[J]. 长安大学学报(自然科学版),2021,41 (3):116-126.

[82] Zhang X, Yang H, Huang H J. Improving travel efficiency by parking permits distribution and trading [J]. Transportation Research Part B: Methodological, 2011, 45 (7): 1018-1034.

[83] Weitzman M L. Prices vs. quantities [J]. The Review of Economic Studies, 1974, 41: 477-491.

[84] Laffont J J. More on prices vs. quantities [J]. The Review Economic Studies, 1977, 44: 177-182.

[85] Shao C, Yang H, Zhang Y, et al. A simple reservation and allocation model of shared parking lots [J]. Transportation Research Part C: Emerging Technologies, 2016, 71: 303-312.

[86] Chen Q, He P, Chen J. Analysis ontime window of shared parking in hospitals based on parking behaviors [J]. Discrete Dynamics in Nature and Society, 2017, (5): 1-11.

[87] Xiao H, Xu M, Gao Z. Shared parking problem: A novel truthful double auction mechanism approach [J]. Transportation Research Part B: Methodological, 2018, 109: 40-69.

[88] Xiao H, Xu M. How to restrain participants opt out in shared parking market? A fair recurrent double auction approach [J]. Transportation Research Part C: Emerging Technologies, 2018, 93: 36-61.

[89] Zhang F, Liu W, Wang X, et al. Parking sharing problem with spatially distributed parking supplies [J]. Transportation Research Part C: Emerging Technologies, 2020, 117: 102676.

[90] 陈峻,王斌,张楚. 基于时空容量的配建停车资源共享匹配方法[J]. 中国公路学报, 2018, 31 (3): 96-104, 115.

[91] 段满珍,杨兆生,张林,等. 居住区泊位对外共享能力评估模型[J]. 交通运输系统工程与信息, 2015, 15 (4): 106-112.

[92] 段满珍,杨兆生,张林,等. 个性化诱导下的居住区共享停车泊位分配模型[J]. 东北大学学报: 自然科学版, 2017, 38 (2): 174-179.

[93] 姚恩建,张正超,张嘉霖,等. 居住区共享泊位资源优化配置模型及算法[J]. 交通运输系统工程与信息, 2017, 17 (2): 160-167.

[94] 李涛,关宏志. 考虑用户时间冲突的停车共享方案优化研究[J]. 交通运输系统工程与信息, 2017, 17 (5): 144-150.

[95] 陈峻,谢凯. 中心城区高校停车泊位共享的动态分配模型及效果评价[J]. 中国公路学报, 2015, 28 (11): 104-111.

[96] 林小围,周晶,卢珂. 私家车位共享系统的车位动态预约与分配[J]. 系统工程理论与实践, 2018, 38 (11): 2907-2917.

[97] 杨晓芳,金杨,付强. 不同因素对共享停车选择行为的影响程度分析[J]. 物流科技, 2018(11): 55-62.

[98] 王保乾,何承康. 基于 Logistic 模型的城市共享泊位选择意愿研究[J]. 管理现代化, 2019(1): 66-69.

[99] 季彦婕,高良鹏,陈丹丹,等. 基于博弈理论的弹性停车激励机制运营效益评估模型[J]. 交通运输工程学报, 2019, 19 (4): 161-170.

[100] 张文会,苏永民,戴静,等. 居住区共享停车泊位分配模型[J]. 交通运输系统工程与信

息,2019,19(1):93-100.

[101] 高良鹏,季彦婕,汤斗南,等.弹性停车激励机制下驾车者竞价行为演化机理研究[J].交通运输系统工程与信息,2020,20(4):1-6.

[102] 张水潮,蔡逸飞,黄锐,等.基于预约需求的共享停车平台泊位分配方法[J].交通运输系统工程与信息,2020,20(3):141-147.

[103] 孙会君,傅丹华,吕莹,等.基于共享停车的车位租用与分配模型[J].交通运输系统工程与信息,2020,20(3):130-136.

[104] 姬杨蓓蓓,成枫,张小宁.城市中心区域毗邻私有停车场的共享停车位优化设置研究[J].系统工程理论与实践,2020,40(11):2934-2945.

[105] 王翰麟.时间窗约束下的共享停车泊位动态分配模型[J].武汉理工大学(交通科学与工程版),2021,45(2):253-258.

[106] Fan W, Jiang X. Tradable mobility permits in roadway capacity allocation: Review and appraisal [J]. Transport Policy, 2013, 30: 132-142.

[107] 范文博.可交易许可证在交通需求管理中的应用前景[J].重庆交通大学学报(自然科学版),2013,32(6):1219-1223.

[108] 王鹏飞,徐秋实,唐克双.瓶颈通行权交易制度的研究进展[J].城市交通,2015,13(2):48-54.

[109] Yang H, Huang H J. Mathematical and Economic Theory of Road Pricing [M]. Elsevier, 2005.

[110] Akahane H, Kuwahara M. A basic study on trip reservation systems for recreational trips on motorways [C]. In: Proceedings of the 3rd World Congress on Intelligent Transportation Systems, 1996, 43-62.

[111] Akahane H, Kuwahara W, Sato T. A basic study on trip reservation systems for recreational trips on motorways [J]. JSCE Journal of Infrastructure Planning and Management, 2000, IV-49, 79-87.

[112] Akamatsu T, Sato S, Nguyen L. X. Tradable time-of-day bottleneck permits for morning commuters [J]. JSCE Journal of Infrastructure Planning and Management, 2006, 62(4): 605-620.

[113] Akamatsu T. A system of tradable bottleneck permits for general networks [J]. JSCE Journal of Infrastructure Planning and Management, 2007, 63(3): 287-301.

[114] Akamatsu T, Wada K. Tradable network permits: A new scheme for the most efficient use of network capacity [J]. Transportation Research Part C: Emerging Technologies, 2017, 79: 178-195.

[115] Peng S, Park B B. Auction-based highway reservation system an agent-based simulation study [J]. Transportation Research Part C: Emerging Technologies, 2015, 60: 211-226.

[116] Yang H, Wang X. Managing network mobility with tradable credits [J]. Transportation Research Part B: Methodological, 2011, 45(3): 580-594.

[117] Zhang X, Huang H J, Zhang H M. Integrated daily commuting patterns and optimal road

tolls and parking fees in a linear city [J]. Transportation Research Part B: Methodological, 2008, 42 (1): 38-56.

[118] Liu W, Yang H, Yin Y. Expirable parking reservations for managing morning commute with parking space constraints [J]. Transportation Research Part C: Emerging Technologies, 2014, 44: 185-201.

[119] Liu W, Yang H, Yin Y, et al. A novel permit scheme for managing parking competition and bottleneck congestion [J]. Transportation Research Part C: Emerging Technologies, 2014, 44: 265-281.

[120] Wang P, Guan H, Liu P. Modeling and solving the optimal allocation-pricing of public parking resources problem in urban-scale network [J]. Transportation Research Part B: Methodological, 2020, 137: 74-98.

[121] 何胜学. 可交易瓶颈许可证的交通网络对偶均衡模型[J]. 计算机应用研究, 2012, 29 (7): 2438-2441.

[122] 王鹏飞, 关宏志. 基于停车许可证的路外公共停车设施的最优收费定价: 基础模型及其扩展[J]. 中国公路学报, 2018, 31 (9): 182-190.

[123] 王鹏飞, 关宏志, 刘鹏, 等. 共享停车泊位的分配-定价-收益分配机制[J]. 中国公路学报, 2020, 33 (2): 158-169, 180.

[124] 于璐伊, 郑煜, 张小宁. 考虑碳排放成本的差异化停车券管理研究[J]. 管理科学学报, 2020, 23 (11): 47-58.

[125] 谭冰清, 徐素秀, 许钢炎, 等. 基于组合拍卖与统一价格的停车位最优分配研究[J]. 交通运输系统工程与信息, 2021, 21 (3): 193-199.

[126] Yang H, Liu W, Wang X, et al. On the morning commute problem with bottleneck congestion and parking space constraints [J]. Transportation Research Part B: Methodological, 2013, 58: 106-118.

[127] Wang P, Wada K, Akamatsu T, et al. Trading mechanisms for bottleneck permits with multiple purchase opportunities [J]. Transportation Research Part C: Emerging Technologies, 2018, 95: 414-430.

[128] Wang J, Zhang X, Zhang H M. Parking permits management and optimal parking supply considering traffic emission cost [J]. Transportation Research Part D: Transport and Environment, 2018, 60: 92-103.

[129] Wang J, Zhang X, Wang H, et al. Optimal parking supply in bi-modal transportation network considering transit scale economies [J]. Transportation Research Part E: Logistics and Transportation Review, 2019, 130: 207-229.

[130] Wang J, Wang H, Zhang X. A hybrid management scheme with parking pricing and parking permit for many-to-one park and ride network [J]. Transportation Research Part C: Emerging Technologies, 2020, 112: 153-179.

[131] Zhao P, Guan H, Wang P. Data-driven robust optimal allocation of shared parking spaces

strategy considering uncertainty of public users' and owners' arrival and departure: An agent-based approach [J]. IEEE Access,2020,8:24182-24195.

[132] Wang S, Levin M W, Caverly R J. Optimal parking management of connected autonomous vehicles [J]. Transportation Research Part C: Emerging Technologies,2021,124:102924.

[133] 王鹏飞,唐克双. 出行者随机达到条件下的最优外生通行权发行方式[J]. 中国公路学报,2016,29 (10):126-131,148.

[134] 王鹏飞,王安格,关宏志,等. 停车许可证的动态最优供给策略[J]. 交通运输系统工程与信息,2020,20 (5):9-14.

[135] Nakayama S. A theoretical analysis of the day-to-day dynamics of transportation system [C] TRB. Proceedings of the 83rd Annual Meeting of the Transportation Research Board. Washington D. C.:TRB,2004:1-12.

[136] Bie J, Lo H K. Stability and attraction domains of traffic equilibria in a day-to-day dynamical system formulation [J]. Transportation Research Part B: Methodological,2010,44:90-107.

[137] Guo R, Yang H, Huang H J. A discrete rational adjustment process of link flows in traffic networks [J]. Transportation Research Part C: Emerging Technologies,2013,34:121-137.

[138] Guo R, Yang H, Huang H J, et al. Day-to-day flow dynamics and congestion control [J]. Transportation Science,2016,50 (3):982-997.

[139] 杨文娟,郭仁拥,李琦. 基于随机用户均衡的交通配流演化动态系统模型[J]. 系统工程理论与实践,2015,35 (12):3192-3200.

[140] 李涛,关宏志,梁科科. 有限理性视野下网络交通流逐日演化规律研究[J]. 物理学报,2016,65 (15):150502.

[141] 刘诗序,关宏志,严海. 网络交通流动态演化的混沌现象及其控制[J]. 物理学报,2012,61 (9):090506.

[142] 刘诗序,陈文思,池其源,等. 弹性需求下的网络交通流逐日动态演化[J]. 物理学报,2017,66 (6):060501.

[143] 李嫚嫚,陆健,孙加辉. 多类型信息下的网络交通流演化模型[J]. 交通运输系统工程与信息,2020,20(4):97-105.

[144] 徐薇,马箫宇,徐红利. 双目标用户均衡下的交通流逐日动态演化模型[J]. 管理科学学报,2020,23 (7):116-126.

[145] 王鹏飞,关宏志,刘鹏,等. 共享停车泊位数量可变下交通流逐日演化规律[J]. 中国公路学报,2022,35 (8):304-319.

[146] Beevers S D, Carslaw D C. The impact of congestion charging on vehicle speed and its implications for assessing vehicle emissions [J]. Atmospheric Environment, 2005, 39: 6875-6884.

[147] Smit R, Poelman M, SchrijverJ. Improved road traffic emission inventories by adding mean speed distributions [J]. Atmospheric Environment,2008,42:916-926.

[148] Matthew B, Kanok B. Real-world CO_2 impacts of traffic congestion [J]. Transportation

Research Record: Journal of the Transportation Research Board, 2008, 2058: 163-171.

[149] Matthew B, Kanok B. Traffic congestion and greenhouse gas emissions[J]. Access, 2009, 35:2-9.

[150] Caicedo F. Real-time parking information management to reduce search time, vehicle displacement and emissions [J]. Transportation Research Part D: Transport and Environment, 2010, 15:228-234.

[151] Chu C, Tsai M. A study of an environmental-friendly parking policy [J]. Transportation Research Part D: Transport and Environment, 2011, 16:87-91.

[152] Tsai M, Chu C. Evaluating parking reservation policy in urban areas: An environmental perspective [J]. Transportation Research Part D: Transport and Environment, 2012, 17: 145-148.

[153] Markos K, Constantios A. Simulation-based assessment of double-parking impacts on traffic and environmental conditions [J]. Transportation Research Record: Journal of the Transportation Research Board, 2013, 2390:121-130.

[154] Song J, Zhao C, Lin T, Li X, Prishchepov A V. Spatio-temporal patterns of traffic-related air pollutant emissions in different urban functional zones estimated by real-time video and deep learning technique [J]. Journal of Cleaner Production, 2019, 238:117881.

[155] Zhang L, Long R, Chen H, et al. A review of China's road traffic carbon emissions[J]. Journal of Cleaner Production, 2019, 207:569-581.

[156] Xu C, Zhao J, Liu P. A geographically weighted regression approach to investigate the effects of traffic conditions and road characteristics on air pollutant emissions [J]. Journal of Cleaner Production, 2019, 239:118084.

[157] Yang Z, Peng J, Wu L, et al. Speed-guided intelligent transportation system helps achieve low carbon and green traffic: Evidence from real world measurements [J]. Journal of Cleaner Production, 2020, 268:122230.

[158] Wang P, Liu P, Wang C, et al. Optimal dynamic investment allocation on construction of intelligent transportation infrastructure and road maintenance with environmental costs [J]. Journal of Cleaner Production, 2021, 284:124786.

[159] Sun L, Zhang T, Liu S, Wang K, Rogers T, Yao L, Zhao P. Reducing energy consumption and pollution in the urban transportation sector: A review of policies and regulations in Beijing [J]. Journal of Cleaner Production, 2021, 285:125339.

[160] Leonard H B. Elicitation of honest preferences for the assignment of individuals to positions [J]. Journal of Political Economy, 1983, 91 (3):461-479.

[161] Sandholm T. Approaches to winner determination in combinatorial auctions [J]. Decision Support Systems, 2000, 28:165-176.

[162] Sandholm T. Algorithm for optimal winner determination in combinatorial auctions [J].

Artificial intelligence,2002,135:1-54.

[163] Nisan N, Ronen A. Computationally feasible VCG mechanisms [J]. Journal of Artificial Intelligence Research,2007,29:19-47.

[164] Clarke E H. Multipart pricing of public goods [J]. Public Choice,1971,11 (1):17-33.

[165] Groves T. Incentives in teams [J]. Econometrica,1973,41 (4):617-631.

[166] Vickrey W. Counterspeculation, auctions, and competitive sealed tenders [J]. The Journal of Finance,1961,16(1):8-37.

[167] Monteiro R D C, Adler I. Interior path following primal-dual algorithms. Part I: Linear programming [J]. Mathematical Programming,1989,44:27-41.

[168] Demange G, Gale D, Sotomayor M. Multi-item auctions [J]. Journal of Political Economy, 1986,94 (4):863-872.

[169] Mishra D, Parkes D C. Multi-item Vickrey-Dutch auction [J]. Games and Economic Behavior, 2009,66:326-347.

[170] Yokoo M, Sakurai Y, Matsubara S. The effect of false-name bids in combinatorial auctions: New fraud in Internet auctions [J]. Games and Economic Behavior, 2004, 46 (1): 174-188.

[171] Porter R H. Detection of bid rigging in procurement auctions [J]. Journal of Political Economy,1993,101 (3):518-538.

[172] Parkes D C, Ungar L H. Preventing strategic manipulation in iterative auctions: Proxy agents and price-adjustment [C]. Proceedings of the 17th National Conference on Artificial Intelligence,2000:82-89.

[173] Wada K, Akamatsu T. An e-market mechanism for implementing tradable bottleneck permits [J]. JSCE Journal of Infrastructure Planning and Management, 2010, 66 (2): 160-177.

[174] Wada K, Akamatsu T. Auction mechanisms for implementing tradable network permit markets [J]. Infrastructure Planning and Management,2011,67:376-389.

[175] Wada K, Akamatsu T. A hybrid implementation mechanism of tradable network permits system which obviates path enumeration: An auction mechanism with day-to-day capacity control [J]. Transportation Research Part E: Logistics and Transportation Review,2013,80:304-326.

[176] Benders J F. Partitioning procedures for solving mixed-variables programming problems [J]. Numerische Mathematik,1962,4 (1):238-252.

[177] Andersson T, Andersson C. Properties of the DGS-auction algorithm [J]. Computational Economics,2012,39 (2):113-133.

[178] Sankaran J K. On a dynamic auction mechanism for a bilateral assignment problem [J]. Mathematical Social Sciences,1994,28 (2):143-150.

[179] Ford L R, Fulkerson D R. Maximal flow through a network [J]. Canadian Journal of

Mathematics,1956,8:399-404.

[180] Lasdon L S. Optimization Theory For Large Systems [M]. Courier Corporation,2002.

[181] Tone K. Mathematical Programming [M]. Asakura Pulishing Co. ,Ltd,2007.

[182] McDaniel D, Devine M. A modified Benders' partitioning algorithm for mixed integer programming [J]. Management Science,1977,24 (3):312-319.

[183] Cordeau J F,Soumis F,Desrosiers J. A Benders decomposition approach for the locomotive and car assignment problem [J]. Transportation Science,2000,34 (2):133-149.

[184] Heller I,Tompkins C B. An Extension of Theorem of Dantzigs, Linear Inequalities and Related Systems [M]. Princeton University Press,1956.

[185] Cormen T H,Leiserson C E,Rivest R L,et al. Introduction to Algorithms [M]. MIT press, 2009.

[186] Magnanti T L,Wong R T. Accelerating Benders decomposition: Algorithmic enhancement and model selection criteria [J]. Operations Research,1981,29 (3):464-484.

[187] Chatman D G,Manville M. Theory versus implementation in congestion-priced parking: An evaluation of SFpark,2011-2012 [J]. Research in Transportation Economics,2014, 44:52-60.

[188] Pierce G,Shoup D. Getting the prices right:An evaluation of pricing parking by demand in San Francisco [J]. Journal of the American Planning Association,2013,79 (1):67-81.

[189] Pierce G,Shoup D. SFpark:Pricing parking by demand [J]. Access,2013,43:20-28.

[190] Shapley L. A Value for N Persons Games [M]. Princeton:Princeton University Press,2003.

[191] Luce R D, Raiffa H. Games and Decisions: Introduction and Critical Survey [M]. Hoboken:Wiley,1957.

[192] Gillies D B. Some Theorems on N-Person Games [M]. Princeton: Princeton University Press,1953.

[193] Nash J. The bargaining problem [J]. Econometrica,1950,18 (2),155-162.

[194] Small K A. The scheduling of consumer activities: Work trips [J]. American Economics Review,1982,72 (3):467-479.

[195] Chiara G D,Goodchile A. Do commercial vehicles cruise for parking? Empirical evidence from Seattle [J]. Transport Policy,2020,97:26-36.

[196] Weinberger R R,Millard-Ball A,Hampshire R C. Parking search caused congestion:Where's all the fuss? [J] Transportation Research Part C:Emerging Technologies,2020,120:102781.

[197] Talebpour A,Mahmassani H S. Influence of connected and autonomous vehicles on traffic flow stability and throughput [J]. Transportation Research Part C:Emerging Technologies, 2016,71:143-163.

[198] Akamatsu T,Nagae T. Dynamic ramp control strategies for risk averse system optimal assignment [C]//Allsop R E,Bell M G H,Heydecker B G. Transportation and Traffic Theory 2007: Proceedings of the 17th International Symposium on Transportation and

Traffic Theory, Amsterdam: Elsevier, 2007: 87-110.

[199] Kamien M I, Schwartz N L. Dynamic optimization: The calculus of variations and optimal control in economics and management [M]. Netherlands: North-Holland, 2012.

[200] 北京交通发展研究院. 2019 北京市交通发展年度报告[R]. 北京交通发展研究院, 2019.

[201] 丁浣, 郭宏伟, 张余杰, 等. 考虑时间价值的路内停车巡航行为建模[J]. 交通运输系统工程与信息, 2015, 15 (4): 187-191, 221.

[202] Hommes C H. Handbook of Computational Economics [M]. North-Holland: Amsterdam, 2006.

[203] Brock W A, Hommes C H. A rational route to randomness [J]. Econometrica, 1997, 65: 1059-1095.

[204] Hommes C H, Huang H, Wang D. A robust rational route to randomness in a simple asset pricing model [J]. Journal of Economic Dynamics and Control, 2005, 29: 1043-1072.

[205] Daganzo C F, Sheffi Y. On stochastic models of traffic assignment [J]. Transportation Science, 1977, 11 (3): 253-274.

[206] Cantarella G E, Cascetta E. Dynamic processes and equilibrium in transportation networks: Towards a unifying theory [J]. Transportation Science, 1995, 29 (4): 305-329.

[207] 刘宗华. 混沌动力学基础及其应用[M]. 北京: 高等教育出版社, 2006.

[208] 北京市发展和改革委员会, 北京市财政局. 关于本市道路停车占道费收费标准有关问题的通知(京发改〔2018〕2770 号)[R]. 北京市发展和改革委员会, 北京市财政局, 2018.

[209] Wang S, Meng Q, Yang H. Global optimization methods for the discrete network design problem [J]. Transportation Research Part B: Methodological, 2013, 50: 42-60.

[210] Daganzo C F. Queue spillovers in transportation networks with a route choice [J]. Transportation Science, 1998, 32 (1): 3-11.

[211] 赢商大数据. 2021 年全国拟开业购物中心突破 1000 个, 创历史新高[EB/OL]. http://news. winshang. com/html/068/1180. html.

[212] 中华人民共和国住房和城乡建设部. 建设项目交通影响评价技术标准: CJJ/T 141—2010[S]. 北京: 中国建筑工业出版社, 2010.

[213] 中华人民共和国住房和城乡建设部. 城市停车规划规范: GB/T 51149—2016[S]. 北京: 中国标准出版社, 2019.

[214] 中华人民共和国住房和城乡建设部. 绿色建筑评价标准: GB/T 50378—2019[S]. 北京: 中国标准出版社, 2016.

[215] Daganzo C F. Urban gridlock: Macroscopic modeling and mitigation approaches [J]. Transportation Research Part B: Methodological, 2007, 41 (1): 49-62.

[216] Geroliminis N, Daganzo C F. Macroscopic modeling of traffic in cities [C]. Transportation Research Board 86th Annual Meeting. No. 07-0413, 2007.

[217] Geroliminis N, Daganzo C F. Existence of urban-scale macroscopic fundamental diagrams:

Some experimental findings [J]. Transportation Research Part B: Methodological, 2008, 42 (9): 759-770.

[218] Aboudolas K, Geroliminis N. Perimeter and boundary flow control in multi-reservoir heterogeneous networks [J]. Transportation Research Part B: Methodological, 2013, 55: 265-281.

[219] 丁恒,郑小燕,张雨,等.宏观交通网络拥堵区边界最优控制[J].中国公路学报,2017, 30 (1): 111-120.

[220] Wada K, Satsukawa K, Smith M, et al. Network throughput under dynamic user equilibrium: Queue spillback, paradox and traffic control [J]. Transportation Research Part B: Methodological, 2019, 126: 391-413.

[221] Saberi M, Mahmassani H S. Exploring properties of networkwide flow-density relations in a freeway network [J]. Transportation Research Record: Journal of the Transportation Research Board, 2012, 2315 (16): 153-163.

[222] Saberi M, Mahmassani H S. Hysteresis and capacity drop phenomena freeway networks: Empirical characterization and interpretation [J]. Transportation Research Record: Journal of the Transportation Research Board, 2013, 2391 (5): 44-55.

[223] Zheng N, Rérat G, Geroliminis N. Time-dependent area-based pricing for multimodal systems with heterogeneous users in an agent-based environment [J]. Transportation Research Part C: Emerging Technologies, 2016, 62: 133-148.

[224] Geroliminis N. Cruising-for-parking in congested cities with an MFD representation [J]. Economics of Transportation, 2015, 4 (3): 156-165.

[225] Ott E, Grebogi C, Yorke J A. Controlling chaos [J]. Physical Review Letters, 1990, 64 (11): 1196-1199.

[226] Kondor D, Zhang H, Tachet R, et al. Estimating savings in parking demand using shared vehicles for home-work commuting [J]. IEEE Transactions on Intelligent Transportation System, 2018, 20 (8): 2903-2912.

[227] Nagae T, Gai N. Tradable bottleneck permits under demand uncertainty [C]. In: Proceedings of the 14th International Conference of Hong Kong Society for Transportation Studies, 2009, 771-777.

作者简介

王鹏飞(1985—),男,汉族,河北秦皇岛人,博士,河北科技师范学院城市建设学院副教授,中国民主促进会秦皇岛市委员会副主任委员,中国人民政治协商会议秦皇岛市第十三届、第十四届委员会委员。现任河北科技师范学院秦皇岛市交通系统智能分析与决策重点实验室主任,燕山大学客座教授,北京工业大学城市与工程安全减灾教育部重点实验室特聘教授,河北省新世纪“三三三人才工程”第三层次人选。2016 年博士毕业于日本东北大学,现兼任中国城市规划学会第五届城市交通规划学术委员会青年专家组专家,《交通运输工程学报》青年编委,《城市交通》特约编辑兼国际编辑。研究领域为交通运输规划与管理,以第一作者身份的 10 余篇代表性研究成果发表于交通运输工程领域权威期刊 *Transportation Research Part B/C*、*IEEE Transactions on Intelligent Transportation Systems*、《中国公路学报》《交通运输系统工程与信息》《管理工程学报》。曾荣获 2016 年度中国国家优秀自费留学生奖学金、第九届钱学森城市学金奖提名奖、第七届《中国公路学报》优秀论文奖三等奖、第九届秦皇岛市社会科学优秀成果奖一等奖,2015 年度日本东北大学藤野先生纪念奖、2016 年度日本建设工学研究奖等。

刘鹏(1986—),男,汉族,陕西西安人,博士,北京航空航天大学经济管理学院副教授,管理科学与工程学会交通运输管理分会执行秘书长、民建北京市青工委副主任。曾于荷兰埃因霍温理工大学、国务院发展研究中心、新加坡国立大学等先后留学、实习或工作,长期从事交通运输规划与管理领域研究。现担任 *Frontiers in Future Transportation* 编委、国家自然科学基金委、国家留学基金委函评专家;*Transportation Research Part B/C/E*、*IEEE Transactions on Intelligent Transportation Systems*、*Transport Policy*、《系统工程理论与实践》等国内外学术期刊审稿人。主持国家自然科学基金青年基金项目、北航青年拔尖人才计划项目,参与科技部 973 计划、重点研发计划课题、自然科学基金基础科学中心、重大等科研项目 10 余项,在国内外学术刊物及会议上发表论文 30 余篇,多项资政报告被中外各级部门采纳。